班主任
必备丛书

BANZHURENBIBEI
CONGSHU

如何成为一名优秀的
小学班主任

主　编：陈　福　马　昱

副主编：何福胜

编　委：于丽宏　王妍妍　丛秀珍

　　　　邢　玉　唐德喜　张亚娟

　　　　丑亚男

吉林文史出版社

图书在版编目（CIP）数据

如何成为一名优秀的小学班主任／陈福，马昱主编.——长春：
吉林文史出版社，2012.12（2021.6重印）
（班主任必备丛书）
ISBN 978－7－5472－1358－2

Ⅰ.①如… Ⅱ.①陈… ②马… Ⅲ.①小学－班主任
工作 Ⅳ.①G625.1

中国版本图书馆 CIP 数据核字（2012）第 307037 号

班主任必备丛书

如何成为一名优秀的小学班主任

RUHECHENGWEIYIMING YOUXIUDE XIAOXUEBANZHUREN

编著／陈福　马昱
责任编辑／高冰若
封面设计／小徐书装
出版发行／吉林文史出版社
地址／长春市福祉大路5788号
邮编／130118
网址／www. jlws. com. cn
印刷／三河市燕春印务有限公司
开本／710mm×1000mm　1/16
印张／14　字数／160千字
版次／2013年2月第1版　2021年6月第3次印刷
书号／ISBN 978－7－5472－1358－2
定价／39.80元

《教师继续教育用书》丛书编委会成员

主 任:

张 旺 徐 潜

副主任:

张胜利 张 克 周海英

编 委:（按姓氏笔画排序）

于 欢 于 涉 孙中华 刘春雷

李井慧 沈 健 孙道荣 陈学峰

陆栎充 赵慧君 高冰若 康迈伦

目　录

学生在小学的学习阶段要经历六个年级，时间长，跨度大。这个年级的小学生正处于旺盛的生长时期，从六七岁的幼儿，长到十二三岁的少年，学生的身心发展变化很大。因此，不同年级的老师应该针对不同年级学生的身心特点，有计划、有针对性地调整工作的侧重点。

第一节　牵引低年级学生安然走过"入学焦虑"

一、"入学焦虑"产生的原因

首先，学生对外部环境的不适应导致焦虑。

年仅六岁的儿童从幼儿园或家庭来到学校，成为真正的小学生了，他们的生活发生了重大变化。他们在幼儿园时，除了老师，还有专职保育员照料他们的生活；在家里，"四二一"的家庭模式，更是让儿童们得到了百般宠爱和精心呵护。而现在，色彩艳丽的玩具变成了呆板的课桌椅，他们的生活也从以游戏为主转变到以学习书本知识为主的课堂学习中来，这对于孩子来说，是个不小的挑战。陌生的环境、陌生的人、不适应的生活方式是引起一部分学生心里产生焦虑情绪的主要原因。

其次，对学习要求、评价的不适应导致焦虑。

上了小学，不同于学前班、幼儿园，为了完成一定的课业任务，老师对学生的听课要求会更高。那些乖巧、上课专心的孩子在小学一开始就受到了老师的表扬，而那些好动、易兴奋的孩子不知如何控制自己的学习行为，上课不守纪律，随便离开座位，随便说话，在受到老师和家长的严厉批评甚至处罚之后，这部分孩子在刚踏入学校之际，就遭受到了心理挫折，有的学生自尊心会受到严重打击，在学校里没有归属感，久而久之，就可能产生厌学、逃学等逃避现实心理或行为。

第三，课业压力带来的焦虑。

幼儿园学习没有压力，没有成绩的比较，人人平等，以快乐健康为原则。而进入小学以后，老师和家长都比较注重学生的考试分数、排名等。有的孩子人很聪明，但就是听不懂老师讲课，有些孩子难以理解书本上文字的意思，有些孩子老是看错字，写错字，漏字甚至落题……老师的纠错、训斥，会导致孩子产生"入学焦虑"。

作为家长，如果孩子在考试中达不到一定的分数，他们往往不能正确分析原因，因不知如何面对孩子的学习而产生焦虑情绪，家长的焦虑情绪会直接传达给孩子，从而使孩子的心理产生焦虑。其实，造成这种现象的原因并不在孩子，这正是由于学前学习起点不同带来的差异，一部分学前起点较低的学生就会感觉课业压力大，造成心里的紧张不适，而这时，家长的焦虑就会更让他们无所适从了。而那些学前涉及知识性内容较多的儿童又觉得老师讲的已经学过了，学习缺乏挑战，容易养成上课溜号、不专心等不良习惯。目前已引起社会广泛关注的小学生课业负担重的问题，使许多孩子进入小学后出现疲劳、消瘦、害怕学习的现象。

二、班主任如何应对"入学焦虑"

(一) 做好新生入学的准备

当幼儿园的孩子将要成为一名小学生时，他们是多么的自豪和高兴。他们对新生活充满了激动和好奇，他们会想：我的老师是谁？我的班级是怎样的？我会认识哪些新朋友？新入学的一年级学生离开了幼儿园，来到小学，面对新的学校、新的环境、新的同学、新的老师,一切都显得那么陌生,孩子们还会有很多的不适应。如何帮助学生顺利地进行低幼过渡,做到角色的转换,从生理和心理上逐步适应小学生活将直接影响着孩子的健康成长。为此,一年级学生入学前教师就必须做好充分的准备工作,对整个一年级学生低幼过渡工作有具体的策划和安排。训练养成常规、培养责任感,成为神气漂亮的一年级小学生。

1.通过多种渠道全面了解学生

(1) 了解学生的自然状况,包括学生的年龄差别,性别构成,学生的身高、体重及整体达标水平,学生的家庭住址,家庭背景及社区整体状况等。

(2) 了解学生个体,详细阅读报名表,记住学生的名字,从报名表上所填写的内容了解学生及其家庭,尤其关注离异、单亲、身患残疾等特殊情况。

(3) 了解班级整体,班主任在了解每个学生独特性的同时,还应了解班级学生的共同之处,以便预测班级的发展趋势,确定班集体形成的目标和计划。

(4) 了解学生的学习状况,包括学生的学前的学习经历,学习兴趣,学习习惯和学习成绩等。

2.家校沟通,做好入学准备

掌握家长信息后,要通过"校园短信平台"和"致家长的一封信"等形式,指导家长孩子在入学前应做好相应的准备,包括心理、作息时间的安排等,为孩子尽快适应小学生做准备。

(1) 家长应注重培养孩子的非智力因素的培养。家长对孩子学习的辅导,过早死记硬背小学的知识,可能短期内是有效的,但从长远来看,弊大于利。而应重视孩子非智力因素的培养,如兴趣、专心、坚强、自信、乐群等心理品质,以及时间观念、规则意识、任务意识等。

(2) 孩子天生具有很强的适应力,家长要信任孩子。当然,及早培养孩子的生活自理能力和自我管理能力, 也是十分必要的。如教会孩子自己系鞋带、收雨具(雨伞、雨衣)、削铅笔、收拾书包等。天热了要让孩子自己知道脱衣服, 尤其是春秋季节; 下学时, 要整理好书包, 把书包、衣服都带回家等。

(3) 帮助孩子做好入学的准备。家长应在孩子的自控能力、倾听能力、抗挫折能力和粗浅的书写能力等方面做长效的培养。可以利用暑假调整孩子的起居时间, 与小学生活靠拢, 培养幼儿良好的习惯和对学习的兴趣。

(二) 树立良好的第一印象

1.可亲的微笑、整洁的仪表

古人云:"亲其师, 信其道。"心理学也提出了一条重要的效应——"首因效应", 也称为"第一印象作用"。当家长牵引着孩子们的小手, 第一次走进小学的校园里, 特别是走进小学的班级时, 对小学生活的陌生和不确定的心理, 让孩子们无所适从。这时, 班主任老师的亲切的面容、慈爱的微笑、期待的目光、整洁的仪表和适当的举止会给孩子们留下良好的第一印象, 是消除孩子们紧张情绪的灵丹妙药, 也能形成良好的教育基础。班主任老师要面带微笑, 用微笑迎接每一个孩子的到来, 用微笑给他们带来安全感, 老师的微笑、亲切的一句话, 对孩子的心情会有决定性的影响。从这一刻起, 孩子们或许因为喜这欢班主任老师而喜欢小学的学习生活。

案 例

芙芙上一年级了, 全家都非常高兴。报到的第一天, 一向很忙的爸爸特意起了早, 他要亲自送芙芙去学校。

吃过早饭, 爸爸就开着车和她一起来到了班级。本来在家说好爸爸把她送到班级就去单位上班的, 中午再来接她放学。可是到了班级, 看到新的班主任老师, 芙芙哭闹着不让爸爸离开，爸爸哄了半天也不行，老师看到这种情况也连忙上前和芙芙交流，可芙芙还是哭闹不停。看着又哭又闹的女儿，爸爸真舍不得离去……可是，这样哄下去也不行啊! 狠狠心，爸爸无奈地离开了。

中午放学的时候，爸爸早早地就等候在校门口，他不知道女儿上午过得怎么样。当老师把班级的队伍领出来时，爸爸看到了芙芙开心地和小朋友们一起快快乐乐地走出了校门。

原来，芙芙的爸爸走后，老师就亲切地走到芙芙面前，她拉着芙芙的手告诉芙芙，她是一个漂亮可爱的小女孩，老师喜欢她，还为芙芙介绍了几个新朋友。正是老师的微笑，老师的和蔼亲切，消除了芙芙上学的恐惧。

2. 温馨的教室布置

儿童进入学校后，教室便成为他们的"新家"，小学对课业的要求比幼儿园高，为避免过多的装饰造成学生注意力的分散，因此小学的教室布置要力求整洁清新，不宜用过多的装饰物。即使这样，班主任老师要也努力把教室营造得像家一般地温馨。开学第一天，黑板上要写上欢迎词、画上漂亮的图案。墙壁上挂上明快简洁的儿童画或反映校园生活的励志向上的标语。

教室后墙的板报设置，要能反映出学生丰富多彩的学习生活，成为促进学生的全面发展的展示平台。

温馨教室布置，会消除儿童的入学恐惧心理，使他们对小学学习生活产生美好向往。

3. 参观学校，尽快适应新环境

一年级的孩子刚来到一所陌生的学校，觉得无所适从也是他们产生入学焦虑的原因之一。班主任老师一定要带领全班同学参观学校，向孩子们介绍学校的环境设施，介绍各个活动室的功能，领他们看看学校的花草和操场，让校园的环境给孩子们一种直观的美好的感受, 让他们对即将开始的学习生活充满向往和期待。

参观学校时, 还可以发动高年级对口班学生的作用, 这样不仅能帮助学生熟悉校园, 还能拉近和大学生间的距离。因为在"小不点"的眼里, 满操场又高又壮的高年级学生也是不小的压力, 同时还能培养高年级学生的责任感和爱心。

4. 各科老师与学生见面, 学习的兴趣从喜欢老师开始

安排各科教师与学生的见面会, 让学生知道以后有哪些老师会教他们, 他们会学到什么本领。各学科教师都要精心准备见面会的内容, 从自我介绍到生动讲述自己所教学科将和学生一起学习的内容, 要利用这次见面会让学生喜欢老师, 从而喜欢成在熟悉自己的教的学科, 让孩子们充分感受到在学校里学习是一件非常愉快的事情, 能够学到很多的本领和知识。

(三) 结交伙伴, 感受学校生活的快乐

班里有熟悉的小伙伴会减少学生的陌生感和不安全感, 让学生容易适应群体生活。可是, 现在的孩子大都是独生子女, 他们生活在大人们的呵护下, 很多孩子上学了也不会与同学交往, 看到别的小朋友在一起玩得很快乐, 他们往往有一种失落感, 这样的孩子感受不到校园生活的快乐。面对新入学的小学生, 班主任老师要善于通过丰富多彩的活动使孩子们尽快地熟悉起来, 引导他们结识班里的小伙伴。

(1)《找朋友》的游戏。学生排成两队, 再组成同心圆。响起《找朋友》的歌谣, 学生随着音乐边唱边逆向蹦跳, 音乐一停, 面对面的学生找到朋友, 彼此握手并相互介绍, 音乐再起时, 游戏继续进行。

(2) 名字接龙游戏。学生围坐一圈, 教师说明要求: 用击鼓传花的形式选出第一位同学, 这位同学先报出自己的姓名, 再用一二句话介绍自己的相关情况。

（如兴趣爱好、特长，也可以说一说最近发生在自己身上的一件有趣的事情。）再由这位同学指出第二位学生，第二位学生在自我介绍之前要先重复介绍前一位同学的名字及特长爱好，再介绍自己。后面的同学的介绍照此进行。

（3）讲名字。父母为孩子起名字一般都是有一定寓意的，先布置学生回家向父母了解自己名字的由来。在班级组织学生讲一讲自己名字的来历，说说自己都有哪些小名，愿意让老师和同学课下用哪个名字称呼自己。

（4）才艺展示。入学之初，教师要为学生搭建展示才艺的平台，让孩子进行展示自己才能的表演，可以是讲故事、背古诗、唱歌、跳舞、弹琴，也可以是翻跟头、练武术……让每个孩子提前一天回去准备，第二天在全班面前表演，让每个孩子都有机会展示自己。通过展示才艺，让学生更加自信，让同学之间更加了解，也帮助教师更多地了解学生的个性、爱好、特长，为以后的教育教学带来便利。

（四）做好耐心细致的班主任工作

1. 做好多重角色的转变

（1）当好班妈妈

小学低年级的学生情感依赖性强，生活自理能力差，班主任在一段时期内需要扮演"班妈妈"的角色：孩子穿戴不整齐，要帮助他们整理；孩子不会独立用餐，要教他们有餐；学生不会扫地、拖地，也要手把手地教他们扫地、拖地，孩子的不良习惯也要一一帮助他们改正……班妈妈的角色不仅仅是服务，更重要的是教育和引导，引导学生学会劳动、学会自立、学会为他人服务、学会适应集体生活。

（2）做学生的"知心朋友"

与学前生活相比，面对任务多，压力大的小学学习生活，一些学生的心理会无所适从，会焦虑不安。当人心中有烦恼、忧愁等情绪时，通常会找最亲近的人倾诉。如果学生能把遇到的困难和不安和班主任倾吐，说明学生已把班主任老师当在最亲近的人了。做学生的知心朋友，是全面做好学生工作，出色做好班主任工作的前提。

做学生的"知心朋友"并不难，只要班主任能尊重学生，做到"蹲下来"和学生交流，从学生的角度看待他们提出的问题，站在学生的立场帮助他们分析问题，为学生出谋划策，为学生保守秘密，肯定优点，宽容过错，不用一把尺子评价学生，学生就会对老师不话不谈，就会把老师当成知心朋友。

(3) 做家长的"家教顾问"

做好"家校沟通"是班主任的一项重要工作。孩子刚入学，家长的角色也随着孩子角色的转变而转变。家长对孩子小学学习的适应性充满了担心和关心。特别是当孩子在学习中出现一些问题时，家长首先会想到请教孩子的班主任老师，在家长的心目中，教师是教育的专业人士。所以，教师要在工作中不断学习，不断思考，积累经验，总结方法，做好家长的"家教顾问"。

(4) 抓好常规教育，养成良好习惯

1. 制定规矩，渐成方圆。

"无规矩不成方圆"，面对低年级的学生，教师要制定出充分人性化的，能促进学生自主管理的班规，让学生知道什么事该做，什么事不该做，再慢慢教会他们该做的事怎样去做，这样，孩子们就会尽快地养成良好的行为习惯，尽快地摆脱入学焦虑，也能更快地帮助学生适应小学的学习生活。

班规可分为核心班规和常规班规，核心班规是班级成员做人、做事的基本行为准则，也是班级核心价值的体现，核心班规不宜多，一般3—6条比较适宜，以方便学生牢记和执行；而常规班规就应该在核心班规的基础上把内容制定得细致些，以保证和提高活动效率。

案例 二

某小学一年级的核心班规：

"一二三四五"班规

一个规定：尊敬师长，孝顺父母，听从老师和父母的正确教导

两个原则：纪律求遵守，学习求进步

三件事情：每周调换座位以保护视力，每周班会课上进行班级评定，每周五中午进行大扫除。

四个优点：每周找自己一个优点，找他人一个优点，找班级的一个优点，找别班一个优点。

五个学会：学会听课，学会交流，学会团结同学，学会自信宽容，学会自己做事。

常规班规：

(1) 不迟到，不早退，有事及时请假。

(2) 课间保持教室安静，不在教室跑跳，不大声喧哗，两人或几个人说话声音尽可能地小，不要影响其他人。

(3) 预备铃响后立即回到自己的座位，端身正坐，精神饱满地静候老师上课。

(4) 课上认真听讲，积极思考，踊跃发言，不做与学习无关的事情，特别是上课不能低头玩学具（格尺、铅笔等），也不能低头看课外书。

(5) 自习课或老师因开会等原因不在教室时，要增强自我学习的意识，认真完成老师留的学习任务，完成学习任务的同学自觉看课外书。

(6) 考试前积极复习，考试时细心审题，认真答卷，书写工整，不准抄袭，考

试后认真总结经验教训，及时补救。

(7) 尊敬老师，听从老师的正确教导，不与老师发生顶撞。

班规的制定和执行是小学生养成教育的重要内容，可以更好地帮助学生养成良好的做事习惯和学习习惯，培养学生的责任感。班主任老师在引导和督促低年级学生执行的过程中，要特别地以鼓励和表扬为主，要适当宽容，切忌过分严厉。特别是刚入学的小学生，他们自制力差，理解能力较弱，教师更要多提醒，多鼓励，帮助学生逐步熟悉、了解和执行班规的内容。低年级班主任可又把一些重要的班规内容编成朗朗上口的歌谣，又便于小学生记忆和掌握。

案 例

课堂纪律小歌谣

铃声一响，走进教室，

身体坐直，眼看前方，

学习用品，摆放桌上，

老师来了，问候响亮，

专心听讲，用心思考，

积极发言，学会倾听，

写字三一，读书用情

能够质疑，才会学习。

做好值日小歌谣

值日生，真光荣，

你扫地，我拖地，

你擦桌子，我倒垃圾，

班级干净，我真高兴，

我是班级小主人！

这些琅琅上口的小歌谣学生特别容易记住，《课堂纪律小歌谣》在课间操时背一遍，可以提醒学生上课该怎样做；《做好值日小歌谣》更可又让学生边值日边背诵，提高学生做好值日工作的积极性。

2. 以评价促进习惯的养成

小学生与幼儿园小朋友的最大区别便在于有了学习的任务，大多数时间都将在学校里参与学习各项本领，在引导学生学习方面，既要做到循序渐进，要求到位，又要有合适的评价体系，促进学生积极努力，把事情做好。

(1) 教育学生课堂上要认真听讲、积极发言、声音响亮、态度大方，课间要文明守纪、团结伙伴、服务集体。结合这点点滴滴的日常行为规范开展列的小竞赛，使学生在看一看、学一学、比一比、评一评的过程中耳濡目染，学会学习和做事。

(2) 规范学生的课堂的发言行为。可以在开学初举行"亮嗓子"比赛。课堂上每个孩子都在努力做到发言时人站直、声音响亮、态度大方，从一日的小红星到一周的小红旗延伸至一月的表扬信，学生们全勤投入，对自己充满了信心。

(3) 开展"争当书写小明星"的比赛。对学生提出写字时首先要做到"三个一"：胸离桌子一拳远，眼离书本一尺远，手离笔尖一寸远。其次是写出的字要正确，笔画到位，注意间架结构，不出格。对写字姿势正确，书写工整的学生在班级的板报上进行宣传，展板上即有学生的书写作品，也配有学生的书写姿势的照片。

运用合适的评价方法，能够调动学生参与活动的积极性，促进良好习惯的养成。但评价的方法一定要考虑学生的接受程度，以鼓励为主，以习惯养成为主，以调动全班学生主动积极参与　，促进学生主动发展为主。评价方法的建立、宣传与执行过程就是对学生养成习惯教育的重要过程。

"轻声慢语、轻步缓行"是课间文明休息的基础,可毕竟是一年级刚入学的孩子们,不蹦蹦跳跳显然是件很困难的事。班主任王老师为此进行了"彩旗飘飘"的竞赛:以绿旗代表个人卫生、蓝旗代表文明休息、红旗代表团结伙伴、黄旗代表服务集体(十分钟劳动小岗位),使每个孩子心里树起了理想"我的彩旗要飘得最高,能登上小山的顶峰。"渐渐地小山坡上插起了五彩缤纷的旗帜,它们围着小山绕呀绕,越飘越高;而课间冲到走廊、厕所喧哗、打闹的小朋友也在慢慢少了起来。学期结束时,小小的山顶上已彩旗飘飘。

案 例 🎓

争做助人为乐小标兵

一年三班的张老师为了使班级能够形成好的风气,同学之间能够团结友爱,互相帮助,开展了"争做助人为乐小标兵"的活动。

张老师把班级同学的名字写在评比栏中,谁在学校在做了好事,谁为班级做了好事,谁帮助了同学,谁就在自己的名字上面画一朵小红花。

有了这样的活动,同学们做好事的积极性可高了,就连常常说脏话的小力也努力改掉了的不好的习惯,天天都想着怎样才能为学校、班级和同学们做好事。

这个活动持续开展了一个学期,同学们都体会到了帮助他人的快乐,同桌之间我借你橡皮,你帮我讲题,一名同学的铅笔掉了,总有其他同学争抢着帮他捡起,同学们生活在这样的集体中,其乐融融,良好的班级风气已经形成。

3. 做好细节工作

习惯的养成是一项长期的工作,班主任老师对学生的要求应从"小"入手,从点滴的行为指导入手，逐步积累，逐渐定型。

在习惯养成的培养教育中，班主任要做到：

(1) 细心地观察，低年级孩子遇到事情，经常不善表达，这就需要班主任细心发现问题，及时处理。

(2) 细致地考量，孩子年龄小，行动能力差，布置任务要考虑周详，不要给学生带来压力。

(3) 细节的指导，对孩子做不好的事情，班主任要给予细节的指导，不要让孩子无所适从。

(4) 细作的坚持，对低年级的学生，班主任老师一定要认真对待每件事，对学生点滴的进步及时给予肯定、鼓励和宣传，并能持续地坚持习惯培养。

面对低年级学生的入学焦虑，班主任老师只有把工作做细，用爱心去关爱学生，用耐心去等待学生，学生就会更快地适应学校里的学习生活，快乐开心在校园里成长！

第二节　帮助中年级学生顺利度过"马鞍期"

小学中年级是儿童身心发展变化的过渡期，也是儿童个体形成自信心的关键期。他们的自我意识在这个时期开始萌生，开始学会独立地将自己和他人分开，对身边的事物有了更多的自我的感知和判断，他们在接受别人的评价中发现自身的价值，产生兴奋感、自豪感；有的则由于成绩不良或某方面的缺失，受不到班级同学和老师的重视而对自己的评价过低，慢慢地对自己失去信心。

他们喜欢与伙伴共同游戏、学习，对与同伴间的友谊的认识有了提高，开始精神层面上寻求朋友，但由于交友经验不足，他们还不知道怎样化解与朋友间的冲突, 为此他们的内心常常产生烦恼和不安, 这种烦恼和不安一般都表露在外。所以, 这个时期的儿童情绪变化大, 自我调节能力差, 情绪不稳定。

进入中年级, 随着学习难度和强度度的增大, 学生的学习兴趣开始分化, 对不同学科的学习动机出现了差别, 学科偏爱开始出现。在知识掌握上有的学生就会出现"塌腰"现象。

另一方面, 随着学生年龄的增长, 自我意识增强, 他们有了较强烈的自我表现欲望, 渴望表现自己的成长。这一阶段的学生情感体验开始变得丰富起来, 社会性成分不断增加, 男女生交往开始变得敏感起来。

小学中年级是学生自我意识开始增强的一个重要阶段:

(1) 中年级是小学生自我认识, 形成自信心的重要阶段。

(2) 中年级的小学生自我尊重、获取他人尊重的需要比较强烈。

(3) 中年级的小学生开始从活动中效果、动机等多方面评价自己和他人。

(4) 中年级的小学生开始独立地将自己与他人比较。

因此, 面对中年级的学生, 要重点培养他们自我管理的意识, 指导和帮助他们适应中年级的学习生活, 指导他们正确对待学习与生活中的挫折和困难, 不断地进行自我完善, 这将对班级的发展和学生个体的成长具有重要意义。

一、对中年级学生进行自我管理教育的科学指导

(一)"晓之以理"的思想管理

思想管理是对学生自我管理教育的重要组成部分。小学生的自我管理, 必须通过必要"晓之以理"的思想教育, 调动学生的自觉性、积极性, 才能得以实现。如果没有正确的、经常性的思想教育, 那种以压代管、以训代教的做法谈不上是自主管理, 只是硬性压制的被动执行。现在的小学三四年级的学生, 也是有自己对事情的看法, 强力制的结果容易导致师生关系的紧张, 导制班级矛盾的激化。

（二）"行之以规"的制度化管理

小学生的自主管理意识薄弱，制定统一的规范、制度，使学生的自我管理有章可循，有规可据，"行之又规"。

在实际工作中，我们经常看到，有的班级缺乏应有的规章和制度，或者有规章和制度而不能落实，工作中的盲目性、随意性很大，致使班级经常处于忙乱状态。这样的班级状态，学生谈何自主管理？

班级制定可行的规章制度，学生也就从中受到应有的规范化教育，对培养学生良好的行为习惯，实行自主管理意义重大。

（三）"动之以情"的情感管理

"感人心者首推情"，在对小学生进行自主管理的教育中，要有意识地渗透情感教育，使学生动心动情，学生才能自觉自愿地接受教育，进行自我管理。

如果说制度化管理是一种硬性管理，那么情感管理就是一种柔性管理；如果说制度化管理是一种显性管理，那么情感管理就是一种隐性管理。制度化管理只有和情感管理结合起来，才能发挥最大的育人功效。

二、对中年级学生进行自我管理教育的方法

（一）全员参与的自我管理

1. 人人参与的班级管理工作

班主任思考班级岗位设置时，应做到"班级的事，事事有人干；班级的人，人人有事干。"让全班学生都有机会参与管理，给每个学生都提供自我成长的空间。但由于学生的水平不一，可根据每个学生的特点让其分担不同的工作，以形成人人为集体作贡献的良好风气。

班级的工作岗位，除了班委会外，还应考虑以下岗位。

(1) 老师小助手

"老师小助手"相当于中学的课代表。一般情况下，老师都会选责任心强、能吃苦耐劳的学生去做。他们协助各科老师做相应的工作，在班级作为这一学科的优秀学生，他们也可以协助老师辅导这一学科的薄弱学生。班主任老师和相关的科任老师应在班会课上和恰当的时机多表扬他们，帮助他们树立威信，推动工作的开展。

(2) 不同角色的管理助手

魏书生在班级管理中设了许多工作岗位，如门长、窗长、花长、炉长等。我们也可以根据自己班级的管理需要，设置相应的工作岗位，如：电视机长、电脑长、黑板长等。

面对中年级的小学生，为了让他们意识到自己管理的角色的重要性，我们不妨把"官衔"设置得响亮一些，如：粉笔委员长、红领巾委员长 、安全委员长等。如果想再响亮一些，满足学生内心的自豪感，也可以叫他们为"**部长"、"**总经理"。比如：图书部长、电力部长（也可以叫关灯部长）、水利部长（管理班级水池子）、账务总经理(管理班级费用)等。还可以根据职务的特点任命角色。例如"阳光小记者、护绿小使者（花卉管理员）桌椅小卫士（检查桌子与椅子的清洁工作）等。

(3) 有特色的活动团体负责人

随着时代的发展，在班级中还应设置有特色的活动团体的负责人。

A、美术小组组长。班级应成立美术小组，他们在一起可以发展共同的兴趣爱好，还可以承担班级墙报设计，联欢会时承担教室布置等工作。

B、学雷锋小队队长。"责任的承担是成长的开始！"要鼓励学生尽自己的一份能力，为班级，为同学多做好事，利益他人，自己收获的是快乐的成长。班级应该成立学雷锋做好事的"雷锋小队"，使精力充沛、热心助人的学生在关心班级，帮助他人的活动中得到锻炼和成长。

C、文学社社长。小学中年级的学生也开始有了自己对学业的主观爱好。对那些爱读书,爱写作的学生应鼓励他们成立文学社,并经常开展相应的活动——写日记、写小诗、写散文,记录自己的心灵和成长。

D、班级的网页网管。随着时代的发展、网络的普及,班级一般从小学一年级开始就有了自己班的班级博客。到了中年级,教师完全可以把这项工作交给有能力的学生来做。

要做到班级学生人人有自主管理的岗位,班主任老师要根据需要巧设岗位:一般情况下,不安排兼职,以便让大家都有负责班级工作的机会;有时可一岗多人,一些难于管理的岗位可以让多名学生负责,但要明确分工。比如:语文小助手,可安排三个学生,分别负责课堂练习、日记本和习作本、家庭作业的收交与发放。

2. 实行班干部轮换制, 值周班长、值日班长负责制

班干部的轮换可以每学期进行一次。为了有利于班级的管理,班长、体育委员等重要岗位可以设固定的学生。一般情况下,班长是老师得力的小助手,负责班级的全面工作,对学生的能力要求高,一个得力的班长也是班主任老师在长期的工作实践中手把手地培养出来的,也是学生自己不断地建立信心,积累经验才能当一个好班长。体育委员和生活委员在班级操的心出不少,体育委员带好班级间操队伍的能力,体育课上整队,喊口令的能力也是长期培养出来的,也不宜总更换。有一些班干部的职位,可以给有能力的学生提供锻炼成长的空间,让学生在不同的岗位上得到多方面的锻炼。

值周班长和值日班长由班干部轮流担任。值周班长负责一周工作,负责每天检查督促值日生工作,周末要对全班情况作周评;值日班长负责全天的工作,做好日工作记录。值周班长和值日班长要把周工作总结、日工作总结及时向全班学

生通报，并上报给班长和副班长。班长和副班长可根据每周情况对班级全月情况作出月评价，每个月都要根据月评价的情况召开一次表彰班会，奖励做得好的学生，对个别学生更要指出不足，给予引导和帮助。

人人参与班级管理的过程，也是学生自我教育和自我成长的过程。班主任老师要对学生的自主管理给予密切的关注和指导。

（二）实行自治的小组管理

作为教育工作者，我们要意识到，每名学生都是有无限潜力的。学生身上这种潜在的能力，就要看我们老师怎样挖掘。

一个班四五十名学生，如果把他们分成若干个小组，实行小组自治管理，会极大地调动学生的潜在能力，强化学生的竞争意识和自主管理能力。

1. 人员搭配，巧妙设组

以四十五人为例，可以把全班学生分成六或七个小组。每组六七个人，最多八个人。为了让各个小组在活动中能相互比拼，具有一定的竞争力，组员搭配一定要合理，一个小组内既有学习好，行为习惯也好的学生，也要有学习差一些，行为习惯不好的学生。这样就给小组之间平衡的竞争力。为了便于组长的管理，小组的成员的座位也应该安排在一起。

2. 优选具有领导能力的学生当组长

实行小组自治管理，组长是关键。每个小组可选正副两名组长。正组长，一般是由学习好，有威信，有组织能力的班级干部兼任。为了能相互配合好工作，副组长可以由正组长从自己的组内人员中自行挑选，这样正副组长之间能相互配合，更好地开展组内工作。

3、为小组起有特色的组名

小组成立后，组长和组员要为自己的小组起个组名。小组的名字有两种起法。

A、励志的组名。如：雄鹰小组、团结小组、起飞小组等。这样的组名对每名组员都能起到激励作用。

B、以正副组长的名或姓命名的组名。如：正组长的名字叫王小红，副组长的名字叫张曦，小组的名字即可叫王张组，也可又叫红曦组。这样的组名能增强组长的责任心，使组长的工作更有劲头，组长工作积极，小组就更容易带好。

4、小组成员共同制定组规

组长召集小组成员集中开会，结合班级"优秀小组的评选条件"，共同制定组规，组规一般不宜太多，六七条即可，做到条款明确，小组成员容易牢记并执行。

5、班级开展积极有效的小组评比活动

自治小组成立后，班主任可以把班级的各项活动，学生的学习情况与小组的评比结合起来。评比可以分周评比和月评比，月评比是周评比的累积。评比的记录形式要新颖，有创意，又便于更好地激发学生参与评比的动力。比如：每项活动的评比记分为10分，满100分得一个星星，三个星星换一个月亮，三个月亮换一个太阳。一周的记分，小组可得几个星星，一个月累积下来，小组就可又得到几个太阳加几个月亮和几个星星了。

在月评比的表彰会上，小组成员把得到的太阳、月亮、星星，绘制成美丽的图案，粘贴到小组评比栏内，这时，每名组员都会为自己的努力而得来的胜利而欢欣鼓舞的。

建设和谐小团队　促进班级大发展。

走进四年四班的老师都能看见，班级后墙的刊板的最上方，有这样一排大字"争做辛勤小蜜蜂，采得百花酿蜜甜"，这是班主任老师用这句话来激励学生在学习上要勤奋刻苦，多看书，多积累，追求自己学业上丰硕而甜蜜的果实。

在这些字的下面的中间部分有四个绿色的大字：和谐团队。这四个字就是这个班在近一两个学期内，班级建设与管理的核心名词。

四年四班有41名学生，座位排6列，按照座位的前后，把学生分成了6个小组，每个小组6、7个人，这6个小组就是6个团队。

这六个团队的组长是由我们班学习好，有责任心，能管理，会做事的学生来担任的。也就是班里最优秀的学生才可以当上组长。每个团队就由组长的名字来命名：比如艺颖组、镜羽组等，每组就是一个小团队，组长的主要任务就是带好这个小团队，在班级的各项评比中，争创最佳。这样，在我们班就没有写上学生个人名字的评比栏了，个人的评比都在小组内体现，每名同学的加分和减分，都与他所在的团队的积分息息相关了。

这样的团队评比，上学期就进行了，那么这学期的期初，为了让各个组能把他们团队建设和积分情况更好的展示出来，班主任老师把后墙板报，分成6块分给了6个组，让每个组自行管理与设计，来展示组内的团队建设的成果。

这样，后板报虽不如以前贴上好看的图画，加上精美的设计那样漂亮，真的是很实用，给了孩子们一块自主管理的天地。各个组的管理与展示也是各具特色，有的团队还设计了口号，比如：小然组的口号是：争做小壁虎，天天向上爬。王晨组的口号是：争做求知鱼，遨游书海中。当然了，他们都是在班级的大口号的影响下想出来的。

每组的版面设计都是不一样的, 艺颖组把每个组员的名字都用艺术字写出, 贴到了上面, 组员名字下面贴着组内积分所得的小星星和班级发的表扬卡。镜羽组则是在带着精美的卡通图案的字卡上, 写上了表扬的话语来激励组员。小然组是最用心的了, 他们把组员的照片贴在上面, 以得小红花的多少来记录组员受老师表扬的次数, 特别做得好的同学还能得到组长发给的组内表扬卡。

在四年四班, 除了老师之外, 最大的官就是各组的组长了, 中队长孙厚铭同学、王艺颖同学, 由于能力特别强也都各自领导着一个团队。组长有权自己在组内聘两名助手, 担任副组长, 协助组长工作。

优秀小组, 也就是优秀团队的评比, 最重要的一条就是全组成员在组长的带领下, 在学习、纪律、卫生等方面, 互帮互助, 团结向上, 和谐进取! 在班级评比中积分最多的3个组评为优秀团队, 组长评为优秀组长。

班主任老师常常是这样做的:

比如: 上课的乐曲一响, 老师就站在班级的门口开始巡视, 当乐曲一停, 哪个组做好了课前准备, 能够精神抖擞地坐好, 哪个组就加上10分。

又如: 课堂上的开卷小测试(因为是语文学科, 学生答卷翻翻字典, 翻翻书, 更能促进学生对知识的掌握, 所以我常常实行开卷考试, 用来培养学生写字写词的认真准确的程度, 一百分的每人给小组加10分。)涉及到给小组加分, 每个人都非常认真地去完成, 也培养了学生在学习上认真仔细的好习惯。

再如: 专科书都带齐的给小组加分, 课下抽查时, 学习用品摆放好的给小组加分, 作业100分的给小组加分。为班级做好事的个人也给小组加分。

评比中, 多设立加分项目, 少设立减分项目, 从正面来鼓励调动学生的积极性。由于这么多的加分, 有的小组很快就得100分了, 在黑板右侧的小组评比积分榜上就有展示, 哪个组别加到100分了, 就得一颗星星, 攒够三个星星就可以换一个月亮, 攒够三个月亮就是以换一个太阳。（采用的就是时下最流行的QQ积分榜。）每个月的最后几天进行评比，积分在前三名的小组就可以被评为优秀团队。优秀团队的组长就是优秀组长，评上"优秀队团"的小组会得到证书，组内的每个组员都会有老师发给的奖品，还会照相，把照片发表在班级的博客上。如果哪个小组有个别学生给小组扣了太多的分，纪律、习惯太不好，可由老师审批后，组长直接和家长联系，要求家长配合对他进行共同教育。

这样做确实调动了学生的积极性，特别是各个团队的组长，都想了很多办法来管理好自己的小组。比如，艺颖组经常利用中午的时间开会。他们组的制定的组规有六七条，比班规都详细。看到学生们这么有团队意识，这样认真，这么郑重地对待这件事，班主任老师能不暗暗高兴吗？

这种建设好小团队的管理模式，对那些纪律差一些，学习差一些的学生也是一种约束和提高。上课爱溜号、爱说话、卫生习惯差的学生总有人提醒他去做好，否则老师发现要给组内扣分的。在学习上对学习差一些的学生也是有很大的带动作用的。比如老师说明天要考五单元的课后词，考试结果要给小组加分的，组内成员总会告诉没有把握的同学回家一定先让妈妈考一遍，争取多给小组加分，也有的组长，自己安排同学，中午就考考没有把握同学，力争让他给组内加上分。这样，同学们的学习就有了动力，学习热情特别高，因为这些都是学生们愿意去做，高兴去做的事情，因为他们有团队加分的动力，有让老师表扬的动力。就这样，班级里的许多活动都是在组长的带领下，以团队的形式开展的。

当然，有时，也会有组长给老师写信或口头直接和老师说，要求把某一名同学换走，因为他给组内得分太少，扣分太多。遇到这种情况，老师就会和组长谈话，给他鼓励，给他信任和支持，教给他一些工作的方法。老师也要常常给组长们更多地支持和鼓励："你如果这么小的时候就能把你们的团队领导好，那将来长大了，你就相当有领导才能了，能为国家做出多大的贡献啊！"所以在四年四班，学生最爱当的官就是小组长。

现在的孩子最缺少的就是团队意识和集体意识，很多孩子不会与他人合作、交流，四年四班的这种"和谐团队"的建设，盘活了班级全体学生的上进心和责任心，在组长的带领下，每名同学都是心中想着自己组的小团队，心里又念着四年四班这个大集体！

小组管理，团队建设为班级管理注入了活力，带来了生机，使每名学生都有一种为团队争光，为班级争光的责任感和使命感！

(三) 富有创意的学习管理

小学中年级的学习对小学生来说也是特别重要的。三四年级的学生在学习上容易出现"塌腰"现象，三四年级是学生的学习习惯、学习态度从可塑性强转向逐渐定型的重要过渡阶段。因此，对中年级学生的学习管理，也是班主任班主任要倾力关注的重要话题。

1. 坚持不懈地对学生进行学习奖励

坚持不懈地奖励一件事情，能对这件事情起到强化和深化的作用。想要让学生在学习上形成某一方面良好的习惯，持续的奖励也会起到良好的效果。

比如：坚持奖励作业完成好的学生；坚持奖励字迹工整的学生；坚持奖励每次考试中前十名的学生；坚持奖励习作最有创意的学生；坚持奖励课堂发言最精彩的学生；坚持奖励学习有进步的学生。

对学生进行奖励的终极目标是帮助他们完成良好行为的内化，最终不需要奖励。很多时候，学生是为了奖励才表现好或取得好成绩，但最终他们会认识到这些行为的内在价值，而努力去做好。

2. 针对某一阶段学习上存在的问题开展活动

比如：发现学生计算容易出错，可以开展"我是计算小能手"活动。每天数学课前都进行一次三两分钟的计算竞赛，学生的计算能力就会很快提高的。

小学三四年级，学生的识字量和写字量都不是太多，这个阶段也是学生最容易出现错别字的时期，看了下面这位老师在发现学生错别字多的时候所采取的做法,也许会给大家带来一些启发。

案 例

四年级上学期的时候,我就发现学生在这个阶段错别字特别多。习作上,平时作业中,总有很多的错别字出现,我觉得这个年级错别字出现多也是有原因的:一是孩子们认的字多了,但用起来还不是太好;二是习作内容的增多,也使得孩子们感到会写的字又少了,不会的字有的同学就用别字代替。平时我也总是强调让学生查字典,可是有的学生就是手懒,不爱查。

为了督促学生尽量少写或不写错字,培养学生认真写字的好习惯,班级成立了错别字托管中心。孩子们把自己常常写错的字放进班级的错别字托管中心,一个月内不再出错即可以把错字取出去了,比比谁托管的错字最少,谁改错改的最彻底。

我就是这样以创设一种氛围,来调动学生主动查字典,主动消灭错别字的积极性。表格在墙上贴了近三个月(四五六),我们这项活动也进行了三个月,这三个月中许多学生都是字典不离手,错别字大大的减少了。使几名好学生在作文中就是消灭了错别字。在近两学期的期末考试中,有一些同学的作文中一个错别字都没有,作文满分的几率有所增加。最关键的是,三个月下来,随手查字典这个好习惯养成了。就是现在,在读课文,作阅读题时,遇到不会的字,孩子们都能积极主动地查字典,然后用红笔注上音。作文遇到不会写的字也查字典,这种良好的学习习惯基本养成。

三、培养自我管理要关注不同学生的需求

(一) 关注每一位学生,提供及时有效的帮助

由于中年级阶段是学生意志品质发展的低谷期,知识难度有所增加,再加上自我管理出现的能力上的差异,学生之间容易出现更大的差距。班主任老师要关

注到每一位学生，为他们提供及时有效的帮助。

1. 关注学生的心理变化

小学中年级是学生自信心发展的关键秦腔，部分学习成绩好的学生，在接受别人的评价中发现自身的价值，就会产生兴奋感、自豪感，对自己充满信心，甚至有时会"目空一切"；相反，有的学生由于成绩不良可某方面的缺失，没有受到老师和同学关注的学生，往往会对自己评价过低，对自己失去信心。除此之外，情绪的不稳定，独立意识不强等因素都会使学生在自主管理中面临各种困惑，这就要求班主任老师要及时关注学生的心理变化，对不同的学生进行不同的指导和帮助。

2. 关注学生在自我管理出现的问题

班主任的一切施教行为要着眼于学生的长远发展和全面发展，要尽可能地细致了解每个学生的具体情况，为每名学生提供适宜的帮助。对学生在自我管理中出现的问题更要耐心地帮助学生解决，为学生树立不断完善自己的信心和勇气，给学生以最大的支持和理解。鼓励学生战胜困难，战胜自我，从而实现自我。

(二) 用"成长的期待"关注每一位学生

"成长的期待"是一种智慧。智慧的教育是因材施教，因人施教，以智生智。不要给学生贴上"好"和"差"的标签，学生的成长是有阶段性的，无数的事例证明，儿时的"差"生并不意味着将来的"差"，身为教师一定要用发展的眼光看待每一位学生，让学生感受到教师"期待的目光"。对小学中年级的学生来说，赏识是最好的教育方式。赏识学生，并且相信他们会一点点地进步，这是一种最好的教育。

"成长的期待"是一份坚持。对于正在学习与成长的学生来说，重要的是习惯的养成又及学习思维的形成。这些能力的培养，需要班主任老师有足够的耐心和爱心，通过一次次的教育去发现、去感悟、去引导。

"成长的期待"是一份鼓励。在对学生的教育和引导中，相信每个学生都是好孩子，相信孩子们能做好每一件事，不断地给学生以支持和鼓励，坚定地树立学生的信心。老师所给予学生的这份"成长的期待"将是学生成长的最大动力。

第三节　指导高年级学生画好"青春期"的第一笔

小学五六年级的学生的生理和心理都会发生很大的变化，他们开始步入人生的一个关键时期——"青春期"，青春期的身心变化将会对学生的性格发展产生深刻的影响，班主任老师要指导高年级学生画好"青春期"的第一笔。

一、小学高年级学生的心理特点和生理特点

(一) 小学高年级学生的生理变化

小学五六年级学生的生理发展可划分为三种类型：一是未进入青春期前期，这时的男生喉头未增大，女生乳房未发育；二是处于青春期前期，他们的生理特征是男生喉头开始增大到第一次遗精，女生乳房开始发育到月经初潮；三是进入青春期，以男生第一次遗精、女生月经初潮为进入青春期的标志。据统计，小学高年级中有80%左右的学生处于青春期前期，有20%的学生进入青春期。

(二) 小学高年级学生的心理特点

1. 独立意识渐趋强烈，开始关注自己的社会角色

在学校，他们开始意识到自己的在班级的地位，在同学和老师心目中的形象，他们容易以自我为中心，希望别人关注到自己；在家里，他们总想尽力摆脱父母的管束，对于父母的爱护和帮助不以为然，他们更关注来自同伴的认可。

他们对许多事情有自己的看法，反对大人过多干涉，具有较强的竞争意识，比较关注竞争结果，学生兴趣特长方面差异表现得更明显，学生个体之间、师生之间开始出现疏离，非正式群体的影响开始出现。

2. 懵懂的性别意识困扰着他们

处于青春前期的学生正在懵懵懂懂地探寻着男女之间的不同差异，他们开始关注男女同学的交往，关注自己在异性心中的印象。受家庭、影视、书报等影响，有一些男女同学开始偷偷地喜欢异性同学。开始喜欢异性的女同学的表现是常常低头，常常脸红，开始变得羞涩起来。男同学则是变得更善于表现自己，他们总要在女同学面前表现自己的仗义，表现自己的豪气。与异性的交往常常让这部分学生的心中充满困扰，以至于他们情绪起伏波动大，常常会影响学习。

3. 感情丰富，易于冲动

由于青春期前期生理的变化，让这一时期的学生有着丰富的情感，他们易受周围的人、事、物的影响。比如，看了好的小说、电影，他们容易受到感染，崇高感和献身精神油然而生；受到不良环境或不健康思想的影响，也会给自己的身心带来危害，给个人和家庭造成无法弥补的损失。

4. 兴趣广泛，求知欲强

渐近青春前期的学生，自主意识增强，面对大千世界和知识的海洋，他们渴望多多地了解和探寻，他们对什么都感到新鲜，对什么都有浓厚的兴趣，这时正是他们探寻知识的旺盛时期。但他们的分辨就非的能力还不强，良莠不分的状况还需要老师和家长正确的引导！

即将进入青春期的少男少女，生理发育日渐成熟，但由于大脑和神经系统刚刚发育到青春期，尚不成熟，做事欠缺持久力。在心理上，他们对自己的社会角色十分模糊，遇事常会不知所措。所以，这一时期加强毅力的培养和耐力的锻炼是十分必要的。

二、因势利导，做好青春前期的教育

(一) 创设学习型班集体，引领学生求知、探索

青春前期，人的精力最旺盛，也是求知探索习惯培养的最好时机，这个时候培养的良好的学习能力和学习习惯，将会让学生终身受益。

积极进取的班风会感染每一个学生，它会促使班级中的每个成员时刻以一种最佳的状态投入到真正的学习中去，不断提高自己的学习能力，加强自我修养，乐于与同伴合作，主动维护班级的荣誉。这让处于青春前期的学生能把兴奋点投入到积极向上的人生状态中来。激发学生内在的潜能，激发学生对生命崇高价值的追求。

在创设学习氛围，创设学习型班集体的建设中，还要特别关注以下几个问题：

1. 课堂教学中让学习氛围民主，和谐，使学生有心理安全感。

教师放弃"专制思想"鼓励标新立异，大胆创新。鼓励怀疑精神和问题意识。引导学生对知识的真正兴趣，如科学的探索行为。这样的教育，即知识是以"我"为主体的有意义的建构，而不是外界的强压。学生能感觉到"生命"创造的力量。激发学生学习的内在动力。

2. 知识的学习外，加强对学生的人文关怀。

达到这一目标，有两条途径：

(1) 充分利用教室的宣传标语和黑板报。可以召开标语征集活动，发动全体学生的力量，征集一些对学习有警示作用的标语，如"真正的学习在于生命价值的提升"，"一次不成功不叫失败，二次因为同一原因不成功，才叫失败"等等。标

语应定期轮换,最为大家欣赏的可以多留一段时间。黑板报是教室文化表达的主阵地,创办黑板报的任务应该交给学生。学生根据自己的特长组成小组,创办自己小组特色的黑板报,并负责向同学们宣传自己的创办思想。为了鼓励学生的创办热情,教师要组织学生投票选出自己最欣赏的一期黑板报或其中的一个小栏目,并发表自己的理由,作为教师要引导黑板报文化向着激发学生昂扬的生活精神,积极主动的学习心态的方向前进。让黑板报文化成为倡导班集体先进文化的阵营。成为展现班级中每位成员个性,潜能的地方,成为学生精神生活的一部分,成为学生创造的场所。

(2) 教师的言行也是体现对学生人文关怀的一条重要途径。俗话说"亲其师,信其道",教师的言谈举止对学生有巨大的影响作用,因此教师应时刻牢记自己的使命,不仅仅是知识的传播者,是传播真善美的使者,更是学生人生观的塑造者,教师应以一种积极乐观的心态来面对生活。以亲切宽容、智能、美丽的形象出现于学生的面前,面对生活中的挫折,应坚强地面对,师生之间应经常交流对生活的看法。有调查显示,优秀的教师都十分注重和学生谈心。原因很简单,学习是学生自己的事情,学生首先是一个鲜活的生命,生命有权选择学习。只有当生命感到温暖,关怀时才会有对生命价值更高的追求,才会全身心投入到学习之中,取得好的学习成绩。

学生就是要努力学习,勤奋刻苦,积极进取,信念坚定,将会使青春前期的学生们的生活更充实快乐,更具有意义。

(二) 开展好青春前期教育讲座

讲座是进行青春前期教育常用的方法。讲座可以让这个时期的学生了解很多他们应该知道的事情,可以引导学生正确地认识自己,保护自己。一般情况下,讲座可以把男、女生分开进行。

(三) 个别谈话

个别谈话主要是班主任和学生之间的个别交流。个别谈话私密性强,且高效灵活,学生也易于接受。个别谈话需要注意的是,班主任不能单方面的滔滔不绝地对学生进行教训,而是要学会倾听,能够在倾听中分担学生内心的痛苦,理解学生的忧伤,切实地与学生进行心与心的交流,交流中要支持学生正确的做法,对不好的方面要积极地帮助学生理清思路,寻找解决问题的方法与途径。在交谈中,班主任老师要始终坚信每个学生都是有着无限潜能的个体,是最具有个人价值的人。班主任老师要在尊重学生、理解学生的基础上,和学生共议解决问题的方法与途径,引导他们顺利度过一段迷茫与困惑的时期。

案 例

婷婷的父母都是二婚,在婷婷小学五年级时,时常吵闹的父母离婚了。跟着母亲的婷婷失去了父亲的陪伴和疼爱。从那时起,婷婷无心学习,把精力用在关注同年段的男孩子上面了。六年级时,她分别和两个外班的男同学交往,甚至还发生了和男同学在校园的一角拥抱亲吻的现象,在学校和班级造成了极不好的影响。

班主任老师找到婷婷进行了多次耐心细致的谈话。在老师的循循善诱的开导和帮助下,婷婷讲诉了自己在父母离婚后所经历的内心的痛苦,讲诉了和妈妈一起生活时,所感受到的妈妈的悲伤和对生活的满腹怨气,也讲到了自己和男同学交往,是想尽快逃离妈妈给她带来的压抑窒息的生活现状。

在交流与倾听中,班主任老师了解到了婷婷身上问部题产生的根源。她给了婷婷更多的关心、引导和爱护,同时也和婷婷的妈妈做了多次沟通与交流,女儿的事件也让这位妈妈振作了精神,转变了心态,开始了积极的人生。有了老师的关心帮助,有了妈妈创设的快乐家庭,婷婷走出了那段寻求男生宽慰的青春前期的沼泽,升入了重点中学,又以积极的心

态投入到了新的生活中。

(四) 召开班会

班会的特点是主题鲜明,形式活泼,学生之间能交流、探讨,相互影响。因涉及青春教育问题,所以班会在设计时一定要注意科学性和形式的多样性。

(五) 借助"偶像"的力量

在一个个体的人的成长过程中,都会受到一些重要人物的影响,可能是父母长辈,兄弟姐妹,也可能是老师、同学。在资讯发达的现今时代,各种娱乐、体育明星更成为了一些孩子口中的话题,心中的偶像。特别是处于青春前期的小学高年级的学生,是正确的人生观,偶像观形成的重要时期,如何借助偶像的力量来教育学生,是当今班主任老师应该关注的话题。

1. 了解学生崇拜"偶像"的对象

班主任可以通过口头谈话或书面问卷了解学生"最喜欢谁","偶像是谁"或"希望成为像谁一样的人"等调查,了解学生心中的偶像。班主任想要获得学生的真实想法,可以先向学生表达自己对偶像的认同和理解,并根据学生的年龄特点和心理状况确定询问的方式。

2. 抓住"偶像"的教育点

这个时期的学生对"偶像"的崇拜都比较盲目,他们往往只重表象,不重实质。班主任老师要引导学生关注"偶像"的正面信息,关注"偶像"之所以成为"偶像"的深层原因,学习他们的身上的某种精神并以此来激励自己不断向上,努力进取。这样的教育点,如果班主任老师不关注,不引导,以这个年龄段的学生来说,他们是很难意识到的。

3. 把"偶像"的影响纳入班级管理

心理学家研究表明，青少年看到对榜样人物的行为给予强化，将对其以后的行业产生得要的影响。因此，班主任老师要把学生偶像的正面信息以赞赏的语气适时地、公开地或个别性地传达给学生。对负面信息要谨慎地以批判的方式表达，让学生在教师的赞赏与批判中学生理性地判断和适度地崇拜自己心目中的"偶像"。

一个班级几十个孩子,虽然各种差异客观存在,不能几十人一张面孔,但大多数学生的差异均在正常范围内,也正因此才需要教师因材施教。但每个班级都有一些比较特殊的群体,如果教师不能及时发现,给予关注,他们往往就会成为班里的弱势群体,并被集体边缘化。本章就单亲家庭孩子的教育问题、插班生教育问题和性别意识模糊学生的教育问题做了一些讨论,希望能对班主任老师们一点启发。

第一节 让"单亲"家庭的孩子获得尽可能完整的爱

恩格斯曾说:任何维系"死亡婚姻"的做法都是有悖人性的不道德行为。从这个意义上讲,一个社会越进步、开放、民主,给予离婚的宽容就越多。因此一向崇尚"家和万事兴"的古老中国,随着时代的进步,经济的蓬勃发展,婚姻也迎来了强烈的冲击。

青少年心理教育专家陈一筠说"离婚的最大受害者是子女。"很多从不幸婚姻中解脱的夫妻,疏忽了最重要的一点:永远无法从中解脱的是孩子。他们内心的创伤往往终生难以平复,他们的担忧感、不安全感、恐惧感也许永远无法医治。

当我们的学校教育面对这些单亲家庭的子女时,我们的班主任唯有对症下药,走进他们内心深处,给予这些孩子真正需要的,才能将班级中的这些孩子凝聚起来,更好的融入集体,将来才能更阳光、健康的步入社会。

一、与日俱增的单亲家庭和单亲子女:

日前公布的全国民政事业统计数据显示,我国共有46.5万对夫妻办理了离婚登记，较去年同期增长17.1%，平均每天有5000多个家庭解体，中国离婚率已连续7年递增。

"中国式离婚"俨然已经成为一个令世人关注的现象。而透过上述的数字和这种早已见怪不怪的社会现象，我们不得不担心这种社会现状带给我们教育的冲击——单亲子女问题多。"层出不穷的青少年问题，追根溯源都是家庭问题。" 教育专家孙云晓说，孩子的成长需要父母双方的关爱，缺少这个环境，他们就会有问题。

其实从广义上来解读"单亲"家庭不仅仅是离异造成的，还包括因父母亲一方不在人世，或虽为离婚，但是却长期没有尽到父母责任的家庭，而这里我们仅对离异家庭中的单亲子女进行了详细的剖析，希望能对这些孩子和父母有所帮助。

二、单亲子女易出现的问题：

单亲家庭的孩子中其实也不乏好同学，这里的好，不单单指学习，更指身心上的健康和愉悦。但大体上由于缺乏亲情关爱和良好的家庭教育容易产生一些问题：

第一、散漫类：处于无教育和监管能力家庭的单亲家庭学生容易表现为这一类型。行为表现为无组织、无纪律，想干什么就干什么，我行我素，自控能力差，常迟到，旷课，爱说谎话，对老师的批评不予理睬，缺乏上进心，对集体漠不关心，学习成绩较差。

第二、忧郁类：由于自卑，感到抬不起头，喜欢独处，不愿意和同学交往，少言寡语，胆小怕事，整天生活在一个孤独的城堡里。学习成绩往往中等偏下。他们的父亲或母亲的工作也不顺心，境况不好，家长自己的心态、性格也是沉默、忧郁，无法给予孩子细致的关爱。在这样的家庭里生活的学生情感易陷入抑郁、沮丧、悲观和苦闷状态，没有活力，对学习也产生不了兴趣。

第三、多疑类：由于多疑，对任何事物都持怀疑态度，逆反心理严重。表现为情绪不稳定，喜怒无常，常为一些小事和同学争吵，个别的甚至大打出手。学习凭兴趣，成绩时好时坏，对老师的表扬和批评麻木不仁，缺乏集体荣誉感。

第四、霸道类：由祖辈哺养，或溺爱，或缺乏监管、教育能力，总是抱有"破罐子破摔"的心理，这样的孩子性格往往暴躁，择友不良且沾染社会不良习气。由于缺少管教，从小养成骄横的习气，事事处理以自我为中心，心目中没有父母、老师、同学，法纪观念淡薄。

三、造成单亲子女性格缺陷的原因：

（一）单亲家庭对子女教育责任的忽视

许多夫妻由于感情恶化等原因离婚后，夫妻双方出于再婚或生活压力等方面的考虑，往往把孩子当"皮球"踢来踢去，不愿履行对子女的教育和抚养义务。也有的单亲家长因忙于工作、交际等、无暇照顾子女，使子女失去应有的教育和关心。

还有些离异家长由于婚姻的失败而倍加勤奋工作，为生活而奔波，为事业而操劳，所以因为忙而顾不上管带孩子，更顾不上孩子的学习，经常放任自由，撒手不管。这类家长经常会对孩子说："我累极了，你还这么烦，走开点。""自己做作业去，别烦我。"

这样的声音时常在单亲家庭萦绕。这类的父母对孩子缺乏责任心，使孩子有种被抛弃的感觉，从而有心理压抑和行为退缩的表现。孩子得不到家庭的温暖和呵护，容易受到社会上不良因素的影响，甚至与坏人接触走向犯罪。

（二）单亲家庭对子女教育方法不当

1. 过分溺爱，有求必应

溺爱是很多家庭的通病，单亲家长表现往往更明显。他们总觉得夫妻离异了，很对不起孩子，因此，孩子有任何要求，无论精神上的还是物质上的，都无条件满足。孩子总能得到满足，他的抗挫折能力就无法得到锻炼，就容易形成孤僻、自傲、任性、自私等性格缺点。

近几年，社会离婚率不断上升，大量的孩子成为单亲家庭子女，心理素质差是单亲家庭子女的一大通病。由于心理障碍而造成的社会问题时有发生，严重影响着他们的学习和生活。这些单亲家长害怕自己的子女被别人看不起，或受人欺负，对孩子物质方面的要求一味满足，而对孩子思想教育或学业方面则关心不够，导致孩子为所欲为，使得许多离异家庭子女从小就养成了追求享受，爱慕虚荣的心理。

2. 方法简单，态度粗暴

有些离异家庭不顾子女客观实际，在学业上对子女提出过高的要求，尤其是有些家长脾气暴躁，当孩子达不到自己要求时，非打即骂。简单粗暴的教育方法，无形中使青少年背上了沉重的包袱，甚至于精神崩溃。有的孩子怕挨打，便夜不归宿，最后给家庭带来惨痛的后果。

（三）家长不良言行对子女的影响

父母是子女的第一任老师，父母的一言一行都直接对子女产生潜移默化的影响。而有些离异家庭的家长，由于本身形象欠佳或有不良嗜好，赌博成性或脾气暴躁，动辄打人骂人。他们的所作所为，极易成为孩子们消极模仿的对象，从而染上种种恶习。使许多单亲子女在性格和心理方面表现为性格内向、孤僻、猜疑

心重、承受能力差、逆反心理强、看问题易走极端等。

不良言行之一：情感暗示过多。

很多单亲孩子的家长总是把孩子成长过程中出现的种种矛盾和问题都归咎于家庭的不完整，向孩子传递单亲家庭不正常的思想，使孩子也认为自己是不正常的。比如，一些家长经常说"孩子缺少父爱（或者母爱）很可怜"一类的话，在孩子的心灵罩上阴影。无形中就有了一种自骄自躁的情绪，总认为自己是可怜的人，应该得到的更多。

不良言行之二：一味排斥对方。

很多夫妻离异后，一方带着孩子，就不愿意让对方与孩子接触，有的甚至干脆搬迁到对方找不到的地方，让孩子看不到父亲或母亲。有的有意识地把对方贬得一无是处，向孩子灌输敌对情绪。比如"你爸爸没有文化，像他那样肯定没什么出息""你怎么和你那个坏老子一样""你真没出息，都是被你妈妈宠的。" 这种把孩子当作出气筒和传话筒的家长更是给孩子的心灵蒙上了一层阴影。孩子听得多了就会在心理上对另一方形成排斥，这是许多单亲家庭孩子性格偏离正常轨道的一个重要原因。

四、学校和家庭教育策略

作为学校教育工作者，应当怎样理解，关心和教育这些单亲子女呢？如何帮助他们走出阴霾，奔向阳光呢？我们不妨试着从以下几个方面进行探索：

1. 抓住心理需求，"对症下药"。

教育单亲子女，要分析解决生活、学习中存在的困难，这是关键。我们首先从了解情况入手，根据不同变故，分析孩子出现的心理障碍，进行疏导，使他们具有健全的心态，正确面对现实。

由于家庭变故，孩子的父母或监护人，往往在教育过程中，时常出现这样那样的缺陷，或过于严厉，或过于溺爱，或简单粗暴，或放任自流，鉴于此，我对这类孩子的品行进行长期观察，及时引导，宽严有度，做到严厉而不失温情，放手而不失引导。

马斯洛理论把需求分成生理需求、安全需求、社交需求、尊重需求和自我实现需求五类，依次由较低层次到较高层次。所以抓住了需求点也就抓住了孩子心灵上的关节点。单亲家庭孩子最缺少的是亲情，他们的需求点无外乎有：需求家庭的温暖，需求成功的喜悦，需求别人的理解同情等。教育者要适时抓住孩子的需求点，在班级和家庭中创设亲情氛围，用亲情和集体的温暖抚慰他们心灵的创伤，给他们以亲切的关怀，使他们感受到亲情般的爱怜和温暖。比如在班级可以定期搞温情奖励，对于家庭比较特殊的学生如果在班级的各项活动中表现的有所进步，就给予老师深情的拥抱，给予小组内或班级中同学们的温情便利贴，帮助单亲的孩子找到情感需要。

2. 抓住闪光点，树立自信、自尊。

就像上文提到的马斯洛理论，人都有各种需要，而自尊、信心和勇气是学生努力改正缺点积极向上的动力，是人的心灵中最敏感的角落，尊重是情感交流的钥匙。

每个孩子都有闪光点，单亲家庭孩子也不例外，教师要用放大镜去寻找他们的优点，发现他们的闪光点，则要及时给予肯定和格外的表扬，多鼓励，少指责批评；多温情，切忌冷漠。

多给他们提供表现"自我"的机会，培养自我观念的形成，唤醒孩子们的自尊，鼓励振作起来，自强不息。

因此，在班级的各项活动中，就应该找到他们的优点，发挥他们的兴趣，培养和树立自信心。因此，在班级中可以给他们一些比较容易完成的任务，如养花达人，整理达人，卫生达人……让他们能从小事中寻求满足，建立自信。并在他们完成任务后放大优点，大肆渲染，帮助他们树立在班级中的威信，建立良好的班风班貌，给其他学生也树立正面的导向，从而巩固单亲孩子身上无形的自卑感。

3、发现问题，互帮互助。

(1) 开展"一对一，心连心"活动，解决单亲学生的学习生活困难，让他们充分体会到"大家庭"的温暖，鼓励学生多与他们交往，谈心，激发学习的兴趣，提高学习的热情，在学习中形成关心和爱护他们的风气。

(2) 结交朋友，打开心扉。单亲孩子的心理压力很大程度来自同学间的交往，家长和教师要鼓励和理解孩子在班集体有几个好朋友，经常在一起学习，一起都周末，同时也要教育提醒他们互相关爱，互相帮助，孩子的群体生活正常，很多问题也会迎刃而解。

(3) 创设环境，积极参与集体活动。单亲子女往往受到歧视和冷漠，因而在性格上比较容易变得内向、忧郁、自卑甚至自我封闭，教师要多跟孩子沟通交流，积极鼓励他们参加集体活动，尽可能多参加社会公益活动，主动与人交往，从中感受到社会的美好，人与人的和谐，以培养健康、开朗、乐观的性格。

4、培养抗"挫折"能力。

人生在世不可能一帆风顺，不可能没有挫折。对挫折如果处理得好，就可能成为孩子进步的新起点、前进的新动力；处理得不好，则会变为思想上的下滑点、倒退点。单亲家庭孩子身上的挫折点很多，不仅表现在父母的离异上，在生活、交友等方面也有挫折。不要因为同学或老师，或是家长的善意批评或教育，偏激或片面的思考问题，就想当然地下结论，使自己钻进牛角尖里，越发的颓废，逆反。教师和家长必须抓住这一思想转变的关节点，及时地进行劝慰，从正面积极的角度开导，让其理解，其实困难不过是生活中的"垫脚石"，只有从跌倒的地方爬起来，才能在今后的人生路上走得更坚实、更自信。

比如：在班级中开展"说说心里话"的活动，让孩子们不定期的给班主任写小条（不记名的），诉说困惑或烦恼，也可以分享快乐和悲伤，然后老师挑拣比较有代表性的问题，在班级中共同商讨，寻求解决之路，并以此为机会对班级中这些单亲的孩子进行不点名式的引导和教育，这样既保护了他们的自尊心，也达到了批评教育的作用。

5.加强与科任老师的沟通，保障教育的一体化。

任何的教育都不可能是班主任或者是语文老师、数学老师一个人就能完成的，它需要的是教育的合力。因此，对于这些特殊的孩子，我们更应该加强与科任老师的沟通，及时的将班级中比较特殊的孩子和家庭渗透给他们，让他们也从不同的角度关注这些单亲孩子，调整自己的教学方法，因地制宜，有的放矢地开展教育教学工作。避免因为不了解和疏忽给孩子造成的心理伤害。

而班主任在进行这方面的沟通时，切忌当着孩子的面，或者周围有班级的同学，应当注意保护孩子们的隐私，在尊重的前提下，提出合理化的建议，和科任老师共同研究教育策略，保证教育一体化。

6.建立家校沟通，提供有效指导。

学校的教育永远也取代不了家庭教育。完整的家庭尚且需要家校合作，毫无疑问单亲家庭更需要我们老师用心地去营造家校沟通的力量，帮助这些单亲家庭更好的、更有效的教育子女。

在这里我们就向大家推荐几种单亲家庭教育子女的方法，以此来促进孩子积极接受影响，形成良好道德品质和行为习惯。

单亲家庭教育方法常有以下四种:

(1) 说理法

单亲家庭的子女不同于一般家庭的子女, 由于他们遭受过家庭变故的打击, 在思想情绪、行为举止方面往往出现波动和偏差。因此单亲父母要特别耐心地做好孩子的说理教育, 让孩子的思想得到疏导, 保证行动的正确方向。

首先要让孩子理解父母因离异而造成的不利局面, 与孩子沟通情感, 通情才能达理, 这是教育孩子的前提。如果缺少这个大前提, 孩子则认为父母自身行为有偏差, 产生隔阂, 情绪对立, 对父母的教育采取漠视的态度, 使家庭教育的目标和任务无法实现。

其次, 要经常给孩子讲授一些道德标准和行为规范。国外道德发展理论的研究者认为, 要改变一个人的思想行为, 不能零碎地培养一个人的道德行为, 而应建立正确的是非观念。这是对不良品德的根本性的矫正。因此, 对孩子讲授道德标准和行为规范十分必要, 为孩子的思想行为立下规矩, 让孩子明是非, 辨善恶, 辨美丑, 识荣辱, 确立自己的行为准则。

第三, 说理教育的内容要有感染性。如果孩子对某个问题产生愉快的情感, 就能顺利地接受有关的知识, 并很快转化为行为。因此, 要利用具体的形象去感染孩子, 引起情感共鸣。比如说, 经常介绍英雄人物的故事, 介绍孩子周围的榜样人物, 发挥人物形象的感染作用。如此环环相扣, 定能使孩子提高认识, 确立信念。

(2) 榜样法

这是用具体生动的正面形象教育孩子的一种方法, 它的侧重点是从激发孩子的思想感情入手, 通过父母的优良品行以感染孩子, 使孩子形成良好的思想品质、行为习惯。心理学研究表明, 儿童时期是模仿时期, 少年时期是幻想期与英雄崇拜时期,青年时期是理想追求时期,这三个时期都需要榜样的示范作用。

我国古代教育家孔子非常重视榜样的教育作用。他说:"其身正,不令而行;其身不正,虽令不从。"苟正其身矣,于从政乎何有,不能正其身,如正人何!"这两段话虽然是就"从政"说的,但对于家庭教育也完全适用。如果一个家长品行端正,以身作则,自然会给孩子的心理以巨大影响,用不着发号施令,孩子也会按照父母的榜样去作。"不能正身,焉能正人"应成为我们每个离异父母的座右铭。

(3) 奖惩法

这是对孩子道德品质作出评价的一种方法。它的侧重点是从孩子的行为习惯的形成进行评价,对其良好的品质进行强化,对其不良行为习惯予以否定。其目的在于激励孩子上进,预防和克服不良品德的滋长,这是对行为习惯进行培养的一种辅助方法。

心理学家曾加以理论概括:"当神经系统中刺激与反应发生联结伴随着满意时,联结就得到强化,烦恼则极少或不能导致联结的削弱或消失。"这说明,在家庭教育中家长对孩子要多表扬、奖励、少批评指责,表扬与批评,奖励与惩罚都要按照一定的标准,切忌滥用奖惩,在孩子的心理造成混乱。

首先,表扬要深入到孩子的思想深处,并引起一定的情绪体验,这样能使孩子产生愉快、自豪,从而激励他去实现更好的顾望。

其次,批评、惩罚一定要慎重,要尊重孩子的自尊心,考虑到孩子的可接受性。并经常观察由不恰当的奖励所产生的负效应,不断改变方式方法,使奖励方法充分发挥它的有效功能。

7. 拟好计划,坚持不懈。

这里所说的计划,不仅仅是要提醒我们的班主任老师们,还要提醒单亲子女们要给自己做个计划。

首先说班主任的计划，我们不能仅凭一时的兴起做个三五天，而是要制定好计划，一步一步的帮扶这些特殊的孩子，做到坚持不懈。

其次，单亲子女也应该做好计划。班级可以帮助学生计划好每一天的生活，让学生从早到晚，活动有规律，学习有节奏，生活充实，情绪稳定、愉快。这样，他们就会感到每天都有收获，经常处于成功之中。在执行"一日生活制度"的过程中，学生们步学会认识自己、战胜自己，做生活的强者。要引导学生经常观察和解剖自己，使自己每日每时接受自己的检查。养成严于要求自己，严格解剖自己，善于吸收他人长处，勇于自我批评的习惯。

总之，单亲家庭子女教育方面存在的种种问题给我们敲响了警钟，它呼吁社会每一个人都来爱护关心单亲家庭子女，因为青少年是祖国的未来，为了中华民族的明天，让我们都来关心单亲家庭子女的教育问题，为社会、为国家尽一份责任。单亲家庭的父母在教育子女方面更要重视，掌握他们的心理特点，正确运用家庭教育方法，在学习上教给他们正确的学习方法，营造良好的民主和谐的家庭气氛。使这些孩子能在爱的阳光雨露下健康成长。

案 例

《多一份呵护，多一份希望》——转变家庭离异少年

导语／

随着时代的进步，经济的蓬勃发展，我国的婚姻状况也迎来了强烈的冲击。日前公布的全国民政事业统计数据显示，今年一季度，我国共有46.5万对夫妻办理了离婚登记，较去年同期增长17.1%，平均每天有5000多个家庭解体，离婚率已连续7年递增。

"中国式离婚"俨然已经成为一个令世人关注的现象。而透过上述的数字和这种早

已见怪不怪的社会现象，我们不得不担心这种社会现状带给我们教育的冲击——单亲子女问题多。"层出不穷的青少年问题，追根溯源都是家庭问题。"教育专家孙云晓说，孩子的成长需要父母双方的关爱，缺少这个环境，他们就会有问题。

案例现场 ╱

还记得我初为人师之时，虽然很稚嫩，但就是这个稚嫩的我，却用缕缕如丝般的爱唤醒了一个叫多多男孩。多多的眼神里充满了对学校的敌意，说的每一句话都带有强烈的暴力和仇视。记得是一个星期一的早晨，多多又因为不愿意进校而在楼门口大吵大闹起来，嘴里还嚷着要"放火烧了学校，烧了家"，手上脚上更是连蹬带踹，对每一个想劝服他进班级的老师，家长拳脚相加。而这绝不是突发事件，早已成为开学初每天上演的家常便饭。于是我软硬兼施后哄进了班级，也同样成为定时炸弹，随时一触即发。班级中基本上所有的小朋友都收到过他拳头的"袭击"，"谈多多色变"。

初为人师就面对这样的问题学生，真是让人头疼。那时，我是学前班的英语教师兼副班主任，但是我却没有因为这个"副"字而忽视自己的责任，平日里特别关注他，对他是形影不离，步步为营，可却没能对症下药，多多依然暴力无理。班里的其他家长和学生也都苦不堪言。

一次偶然的机会，他的爸爸到校探望。我把满眼噙着泪水，带着失望和无奈，准备离开学校的老爷爷迎进了我的办公室，细细的聆听了多多的成长经历，我才知道，孩子是因为父母婚姻破裂，性格上才出现的巨大变化，而我也不禁对这个孩子多了一份关注和同情。

案例分析 /

青少年心理教育专家陈一筠说"离婚的最大受害者是子女。"很多从不幸婚姻中解脱的夫妻，疏忽了最重要的一点：永远无法从中解脱的是孩子。他们内心的创伤往往终生难以平复，他们的担忧感、不安全感、恐惧感也许永远无法医治。

单亲家庭的孩子性格上出现缺陷一般表现为两种倾向，一是自卑、嫉妒心强；另一种倾向是"破罐子破摔"的心理，这样的孩子性格往往暴躁，有的甚至表现很残忍还有些孩子性格具有双重人格，在家一挨训就唯唯诺诺，在外遇到弱小者就把在家受到的教育方式全部"照搬"到别人身上，表现得暴躁凶狠。

案例中的多多，不就是父母离异后最大的牺牲品吗？

解决策略 /

我解决的策略很简单，就是将他缺失的，补还给他。其实，当时的我不为人妻，不为人母，但内心却告诉我不要抛弃，更不能放弃，我会让这个缺少家庭温暖的孩子，重拾自信和关爱。

后来的日子里，我用心关注孩子的一点一滴。课堂上我叫他的次数最多，课下也总是把他抱在怀里亲吻抚摸，生活中的他更是需要帮助，不会穿衣服，不会穿鞋子，不会叠被子，样样事情都要我亲力亲为，毫不夸张地说，我在学校中充当着妈妈的角色。因此他的态度也转变了不少。

后来我成了他的班主任，发现他的变化越来越大，他不在排斥小朋友，于是我便鼓励他好好学习，抓住他爱看书的优势在班级大肆表扬，让更多的孩子因为崇拜他而选择成为他的好朋友。朋友多了路好走，学校中的值日工作他总是会得到同学们的帮助，因为大家都不忍心看见这个憨憨的男孩因为值日被老师批评。

我们对他的宽容和爱护，他看在眼里，记在心里，每周回到爷爷家时，总是和爷爷谈起老师和同学对他的好, 而老人也总是不失时机地帮他修补家庭给他带来的伤害, 帮他重新认识生活的美好! 我也坚持每周给他打一次电话, 和老人探讨多多成长中的问题和困惑。

解决效果 /

就这样我们一路呵护着多多走过了四个年头, 虽然后来告别了这个班级, 但是我也依然关注着他的成长。放学时碰到了, 便如母子般聊天, 谈学习, 谈生活, 假期中又会来到公园中, 如朋友般一同玩耍, 一起切磋读书心得, 如今他已小学毕业, 以优异的成绩升入初中, 现在的他早已懂得照顾自己, 早已懂得调整情绪, 早已懂得处理好父亲和母亲之间的微妙关系。而这些变化也都是从那位伟大的老人处得知, 多少次电话中的倾诉衷肠, 多少次汇报孙子的优异成绩和巨大改变, 而更多的是对我深深的感激。

为了纪念对他的成功改变, 我给自己的宝贝也起名多多。我想, 他们之间唯一的不同, 就是我的宝贝有个完整幸福的家庭, 但相同的是他们都得到了我最真切的母爱和自己今后骄傲的人生旅程。

总结与反思 /

维果茨基说过:"我们不是盯着儿童的昨天, 而应盯着儿童发展的今天和明天, 育人需要走进童心, 将心灵交付心灵, 你会收获意外的惊喜, 正如一个"问题学生"写给老师的赞歌:"老师啊, 原来我们像断线的风筝, 是您将风筝线重新接好, 扯着我们灵魂的线, 让我们稳稳地高高飞, 让我们看到了蓝天, 白云和和煦的阳光, 感谢您!"

那么对于这些特殊家庭下成长的孩子, 我们应该如何具体操作呢?

第一, 通过了解家庭背景, 做到"对症下药", 寻找学生的需求点。

单亲家庭的孩子最缺少的是亲情,他们需求家庭的温暖,需求别人的理解和关爱,需求成功的赏识,教师要适时抓住这些需求,在班级中创设亲情创造氛围,用亲情和集体的温暖抚慰他们心灵的创伤,给他们以亲切的关怀,使他们感受到亲情般的爱怜和温暖。

第二,点亮学生心中的"自信之灯",扩大学生的闪光点。

人人身上都有闪光点,单亲家庭孩子也不例外,教师要用放大镜去寻找他们的优点,发现他们的闪光点,则要及时给予肯定和格外的表扬,多鼓励,少指责批评;多温情,切忌冷漠。只有充分发挥自己的特长,才能培养和树立自信心。因此教师和家长要善于发现并及时引导孩子培养孩子的兴趣,以激励孩子不断进步。

第三,用同伴的力量唤醒他们心中爱的力量。

孩子的心理压力很大程度来自同学间的交往,家长和教师要鼓励和理解孩子在班集体有几个好朋友,经常在一起学习,一起都周末,同时也要教育提醒他们互相关爱,互相帮助,孩子的群体生活正常,很多问题也会迎刃而解。用爱心换取爱心,用友谊赢得友谊。

总之,让"问题学生"沐浴在师长的关爱下,正如山谷里寂寞的角落里野百合也有春天一样。这些问题学生要通过个性化的特长的训练,亲情化的零距离服务,科学化的帮扶管理,使他们感受到阳光般的温暖,学生综合素质会得到提高,行为习惯从自由散漫变得文明规范,性格由孤僻冷漠变得开朗大方,兴趣得到发展,学校教师用真心之犁耕耘学生和心田,他们就能抬起头走路。为他们搭建心灵家园,为他们撑起一片爱的晴空,为学校的健康发展注入新的活力。

第二节　别让后转入学生"落单"

在一个新组建的班级生活和转入一个新集体的感觉是不同的,虽然都是面临新的环境,但在新组建的班级里是大家共同面对新鲜的事物和环境,共同适应新的生活。而转入新班级,则是要独立面对一个对于自己来说崭新的,对别人来说却非常熟悉的环境。因而一种"外人"的感觉便油然而生,甚至变得很敏感,也更容易长生孤独感。而"插班生"这种现象却每个学期都会出现,这种现象也不得不引起我们老师的重视,应该尽快帮助他们面对新的环境,新老师、新同学、新要求等等新的问题,这也是我们班主任老师义不容辞的责任和义务。

一、转学的原因和需求分析

每到学期初,班级总会有这样的几个学生,作为一线教师的我们早已习惯了这种貌似平常的"小事"往往忽略了对这群特殊孩子的教育和帮扶。同是插班转入的学生,因为插班原因不同,插班需求也不尽相同,学生到新机体后的表现也不尽相同。因此我们必须了解他们插班的原因,并关注他们存在的特殊的心理行为特征,才能更好地帮扶他们,有的放矢地开展工作。

(一)因家庭地点变更而转学——短暂陌生,逐渐适应

这类学生往往在转学后不会有太大的思想波动,因为他在主观上知道,转学不是因为他的原因,而是因为客观原因,自己没有错,所以没有任何的思想负担,没有造成心理的包袱。在转学后的一段时间会显得比较安静,中规中矩,和班级

中的老师和同学没有太多的交流，因为人到了陌生的环境，原有的生活模式被打破，所以总会或多说少的先把自己封闭起来，保护自己。当他们熟悉新环境，并了解了这里没有侵犯和伤害他们的人和事，才会渐渐走出自我的保护圈，和周围相对熟悉的同学交流，攀谈，共同玩耍，才会和老师有进一步的交流。并在一定的时间内，状态积极良好，展现自己最佳的状态，争取赢得更多同学和老师的关注、赞赏。

（二）因父母离异或家庭关系发生变化的原因转学——家庭关注少，放任随意多

这部分的孩子往往由于家长对工作的热忱或因家庭破裂，无暇顾及，而导致没有时间和精力去照顾孩子。这些学生在家庭中总是独立解决问题，没有父母的监管，自由随意。所以当来到新环境后也常常表现的没有规矩，不在意身边同学或老师对他的影响，形成了我行我素的状态。但这群学生容易和班级里比较顽皮淘气的孩子打成一片，并迅速将自己的状态转移到原有班级学生的身上，或多或少影响了班级正常的秩序。

（三）因成绩达不到家长期望值，需求寻找更好的教育环境和师资而转学——胆小无语，害怕关注

在转学的大潮中，有很多学生都是因为成绩不理想，或是因在原有学校找不到自信，才不得不转学的。面对这些本来就少人欣赏的学生，我们总会发现，他们上课不主动配合，很少举手发言，作业也总是尽量的认真，生怕在陌生的环境下遭到老师的批评，同学的嘲笑。但是对于他们来说，课间十分钟比课上40分钟还难熬。因为每当课间活动时，学生基本就脱离了老师的视线，这些插班生便会游走在众多陌生同学和陌生环境的中间，担心同学们知道他过去的成绩，而在同学之间丢脸，失去了更多的自尊心。所以很难在一段时间拥有新的朋友或真正地走进班集体，成为班级中新的角落。

（四）因在原班级于老师或同学相处不和谐, 甚至发生较大冲突而转学——观望挑剔, 谨小慎微

一般因为这个原因转学的同学, 通常会有两种表现:

第一种是, 保持之前对原来老师的挑剔态度, 继续观望新老师对他的关注度。而这些学生也往往对老师的关怀或者同学的亲近都抱有不大认可的态度, 在班级会出现不屑于班级管理, 处于放任自流的状态。此时, 如果老师没有及时了解孩子转学的原因与其硬碰硬, 会让这些本就和新老师没有个感情基础的插班生新增很多怨气, 认为事事都针对他, 会在班级中形成新的矛盾, 成为班级中的定时炸弹。

其实这些学生之所以有如此这样的表现, 也不得不说在家庭教育方面家长可能也没有更好的进行疏导工作, 总会出现护短现象, 给孩子找各种借口, 助长了这些学生的气焰, 导致总会和同学老师搞不好关系, 不得不转学。

当然, 在面对这些原因的同时, 我们也不得不承认, 有些班主任老师确实在处理这些钉子户上缺少工作艺术, 没有很好地处理学生、老师、家长的关系, 导致关系的恶化, 最后因学生无法在班级中学习生活而主动转学。

而另外一种则是, 生怕在新环境中重蹈在原来班级中相处不和的覆辙, 处处小心谨慎, 不敢表露出原来的样子, 总是力争做到最好, 给同学老师留下新的美好的印象。希望在新的班级摘掉原来老师对他评价的旧标签。而这些同学有的则会保持到底, 拥有新的心情, 崭新的面貌, 重获学校生活的, 班级生活的快乐。可还有一些同学会短暂坚持, 但时间久了就有出现原来不好的状态, 给班级带来消极的影响。

二、帮助插班生尽快适应新集体的途径

心理学家威廉姆斯认为: "人性最深刻的原则就是恳求别人对自己的关怀。"

因此，要使插班生尽快融入新的班集体，适应新的学习的环境，应该在他们身上倾注更多的爱与关怀，让他们能与其他的孩子一起快乐地生活在同一片蓝天下！我认为我们可以从以下几个方面关注：

1.亲切迎接，拉近距离

为了让他们一下子感觉到班级的热情，可以安排专门的欢迎仪式，让其他同学先自我介绍，之后对转入生送上贴心的祝福，最后班长代表班级致欢迎词，这样他们从心理上就感觉到了不受冷落，身体上也会自然放松起来。最后再让转入生做自我介绍，老师以鼓励性的语言作为渲染，并报以热烈的掌声，在不知不觉中就克服了心理上的紧张，也拉近他与班内学生的距离。

2.熟悉环境，喜爱校园

对于原来小学熟悉的环境和老师、朋友早已占据了孩子幼小的心灵，因此对于新的环境，多少要有些紧张和不适应。面对这种情况，老师可以安排同学或者亲自领着学生去熟悉新校舍。从整洁、优雅的校容校貌到现代化的教学设施再到实力较强的师资队伍，详细的介绍并配以生动鲜活的事例，使插班生对已经走进的学校由陌生到熟悉到喜欢。这样便坚定了他转学的信心，也打消了心中不少的紧张忧虑。

3.捕捉优点，建立信心

常听同志说：表扬能使一个孩子疯狂。是的，当他的闪光点被老师或同学无限放大时，他会在这份光环下闪耀很久，绝不会一瞬即逝。对于这些新转入的学生来说，他们最希望得到新环境下老师和同学的认同和赞赏。所以我们的老师必须拥有观人于微的能力，能利用最短的时间捕捉他们身上最突出的闪光点，即使很难寻找，也一定要用放大镜或是显微镜竭力捕捉。然后以小见大，以点带面地评价他们,帮助他们建立信心,在新环境下扬长避短,优势发挥。

4.发现差距,悉心呵护

转学生总是因为在原来学校找不到了满足感和认同感而更换了新环境。所以他们在一些方面总会和原班的学生形成差距,只有及时发现,并循循善诱,才能让他们查缺补漏,更好的适应班级生活。

(1) 心理上正视

作为一名教师,特别是班主任,应该公平公正地对待每一位学生。不能将转学生和原班学生截然分裂,片面消极地将插班生视为另类。在平时的教育教学中,经常听见老师们发牢骚:这次转来的学生糟糕透了,学习成绩不说,专门在班级中捣乱,影响了班级班风。简简单单的几句话,说明老师对插班生极大的偏见。只要是班级中的学生,我们就应该一视同仁,而不能带"有色眼镜"去对待他们。相反的,应该对他们更加关爱,因为他们比别人更加需要关心与爱护。而这份"偏爱"也不违背公平公正,反而会将一碗水更好地端平。

(2) 行动上爱护

心理学家认为"爱是教育好学生的前提"。对于转学生,我们应该主动亲近他们,敞开心扉,以关爱之心来触动他的心弦。"动之于情,晓之于理",用师爱的细腻去温暖他,感化他,从而"亲其师,信其道"。

这里的爱很宽泛。课上的积极提问,课下的促膝谈心,思想上的因势利导,学业上的查缺补漏,生活中的嘘寒问暖,家校联系中的赏识褒奖……当然这里还有就是当他犯了错误,尤其是在不知情的前提下,我们更应该以平和的心情去对待,而不是一味严厉的批评,应报以更大的宽容,教他慢慢地改正,用发展的眼光去看待他的进步。

（3）舆论上支持

俗语说："人言可畏"。特别是对于刚刚转入的学生，应满足他们对友谊感情的需要。同学的关心和帮助对于插班生来说，是必不可少的，同学的力量有时胜过老师。所以在校期间应该充分建立起友谊的桥梁，通过班会等形式从舆论和思想上号召班级中的同学一起行动，课余主动找新同学玩耍，谈心；课下也能通过电话或互联网等手段表示关心；在活动中带着他们主动参与。这样他们之间就会无话不说。还要鼓励同学们发现新同学的优点，真诚的接纳他们，感受到同学给自己带来的快乐，为他们创造一个温暖的学习、生活环境。

真正的让"你的寂寞逃不过我的眼睛"。

（4）重视与科任老师的协同努力

教育是一个复杂的过程，是一个需要协同合作的过程，对于插班生的关注和培养，绝不是班主任一个人单枪匹马就能完成的。我们只有和科任老师协调好关系，把插班生的背景正面的，公平客观的渗透给科任老师，才能让他们对这些孩子更加关注，更能有的放矢地培养和教育，避免了很多因为转学后特殊的行为特征和心理而造成的对插班生的误解。会更积极的促进插班生在新环境和新师生的融合，会更加事半功倍。

三、重视与插班生家长的沟通

（一）关注家长的焦虑

其实作为转学生的家长往往和新入学的家长一样都在一定程度上存在焦虑。因为他们在对孩子都有憧憬，有希望，而忧虑正源于这些憧憬希望。希望在新的学校有新的表现，希望在新的环境能出类拔萃，希望新的班级中老师和同学都喜欢他。就是伴随着这些，家长们往往因为期待高而多少有些失落。一旦有了失落,变会演变为担心和焦虑,总是在想孩子在学校过的是不是愉快,是不是有人针对,是不是学习出现了困难等等。

一位记者在采访中发现,很多家长都有这样的心里:我和孩子一样,一瞬间有了寄人篱下的感觉。而家长的忧虑也会直接影响给自己的孩子,给这些新转来的学生以无形的压力,使得本来能很快融入集体的孩子也多少因为这个情绪影响,延缓接受新环境,新同学,新老师的时间和最佳期。

(二) 给家长的一点建议

学校教育不可能代替家庭教育,因此在孩子转学后,不仅我们班主任和其他老师要关注孩子,细致观察他们的表现,悉心呵护他们的心灵,在家庭教育中,父母更应该多花时间询问和陪伴,不让孩子失去转学的初衷。

1.对不同转学原因的孩子做好不同的心理准备

第一种:因为家庭搬迁或是工作变动转学的问题。

首先,要事先告知,让孩子和原来学校过度的心理准备。其次,有条件的可以要让孩子先了解新学校的基本情况,从心理上先适应。第三,应该与孩子讨论转学后可能会遇到的问题以及解决的策略,从而保持良好的心态,顺利地做好新的集体生活的准备。

第二种:因为孩子方面的原因而必须转学

这样的家长应该使转学原因淡化,能达到润物细无声,船过水无痕的效果。因为这些孩子往往总是有一些不太"光彩"的事情,让他在原有学校不法建立良好的自信和人际关系,如果此时家长还在追究原来的某种原因,不行中加大了孩子的转学压力,使得其无法面对现实,而选择逃避,给转学带来很多负面效应,失去转学的目的。由此可见,淡化转学理由,自然地转化转学理由可以提前预防转学可能带来的负面心理感受。

2.在孩子完成转学后，老师应该提醒家长注意的问题：

孩子转学后的半年内，是一个非常关键的时期。这段时间，孩子会面临与老师、同学建立关系，重新寻找新班级中自己的位置等问题。在所有问题中同伴、朋友关系的确立最为重要，此时家长应该多与孩子沟通，有意无意的聊起他在新学校的情况。多注意观察孩子的行为变化，关注孩子的情绪，并接纳其因转学而带来的情绪上的波动。家庭是孩子积蓄自己对外力量的地方，是他温馨的避风港，面对如此需要心灵认可和呵护的时期，不要过多的指导、教育，而是理解他，给孩子更多的支持与信任。只有这样，孩子才能使自己的内心强大起来，有勇气面对新的外部环境，也只有这样，孩子转学后才会达到家长所预期的效果。

案 例

下面我就举一个我平时生活中的案例来和大家分享有关插班生的问题：

特别的爱给特别的你

我们班二年级时，转来一个叫李一心的小姑娘，整天不说不笑，上课也不发言，可是学习成绩还可以。她总是默默地努力着，上课专心听讲，把每个字写得漂漂亮亮的，开始，我以为她仅仅是有点内向而已，并没有发现她有什么异常。后来，随着了解的深入，我终于知道了她为什么是这样一种性格，原来，她的父亲有小儿麻痹后遗症，没有工作，每天都是爸爸骑着残疾车来送她上学的，妈妈只是个普通工人，比起其他同学来说，她的家境就要差多了。这个孩子产生了自卑、胆怯的心理，而这样的性格绝对不能适应未来竞争激烈的社会，虽然她现在的表现对于班级来说，没有丝毫的不利，但素质教育必须要对每一个孩子负责。我下决心一定要改变她，让她高兴起来，让她也同样享受到像大家一样的幸福生活，有和同学们一样的轻松愉快的心态。

分析 ╱

随着现代社会竞争的加剧，人们心理负荷加重，成人心理不健康的现象明显上升，但是很少有注意到成人的心理问题都是从小积累起来的，从这个程度上说，儿童的心理健康更为重要，如果不及时开导、教育，会影响儿童适应社会的能力、人际交往能力和学习成绩。李一心很固执，每一次跟她谈话，她都寡言少语，丝毫不接受我的劝慰和教导，面对她，我感觉自己的教育是那么粗糙，那么苍白。

疏导 ╱

偶尔看到一篇文章，说的是日本有一所特殊的学校，那所学校接纳的都是一些被常人认为在生理或心理上存在一些问题的孩子。所有的孩子来到那所学校都十分快乐，因为学校会经常针对每一个孩子为他举行全校性的比赛，让每个孩子的长处得以凸现。比如有个孩子天生胆小内向，记忆力却好得出众，学校就把所有孩子的家长请来，让孩子们抽纸条，纸条上写的往往是"山子的妈妈"，"稻村的哥哥"等等，抽到纸条的孩子必须飞快地跑到家长们集中的大礼堂，去寻找纸条上所写的那个并不熟悉的山子的妈妈或稻村的哥哥，那个胆小的孩子在这项竞赛中从来都是第一名；再比如学校有个侏儒的孩子，学校举行运动会，运动项目十分奇怪：钻很小的洞、爬楼梯等等。所钻的洞往往是那个孩子正好能够直立行走而其他孩子必须爬行的，爬楼梯必须每步跨一级而不是两三级。这个侏儒症的孩子包揽了这次运动会的所有金牌。这样教育出来的必定是一个心理健全的人。

针对李一心，遇到机会，我就会告诉同学们应该尊重残疾人，讲述我所知道

的帮助残疾人的事情。并且，把她父亲做的工艺品拿给同学们看，夸她爸爸是个了不起的人，引起同学们对她父亲的尊敬。这样，同学们见到她的爸爸，都会热情地叫一声"叔叔好"。我在课堂上鼓励她大胆发言，她读完课文，无论怎样，我都会找到她值得受表扬的闪光点。我还发现她写作文不错，作文讲评课上，我鼓励她把自己的作文念给同学听，大大提高了她的自信心。李一心爱写日记，喜欢把内心的想法在日记中倾诉出来。我不再找他谈话，而开始在日记本上和她交流，在她的日记本上，我这样写道："你的字是全班同学的榜样，你的勤奋和刻苦是一般的孩子不可能做到的，你的成绩也那么棒！老师们都喜欢你，同学们也都爱你。每个人都有短处，而你的短处是那么少，长处却那么多。你爱学习，爱劳动，做事负责，还有许许多多优点，多了不起呀！相信很多同学都在羡慕你呢！""你知道为妈妈分忧，真是个孝顺的好孩子，你同样拥有一个爱你的爸爸妈妈，你愿意和老师谈谈吗？"每一次，李一心把我在日记本上写的话若有所思地看了又看，有时，她还会在我写的话下添上几句"我真的那么好？""谢谢老师"等等。我相信，这样润物无声的教导对于她那颗敏感脆弱的心是适合的。

李一心的字写得特别好，我在班级里举行写字比赛，在孩子们评选出的优胜作业中，有李一心的作业；李一心英语发音好，我在班级里举行英语朗读比赛，孩子们评选她为班级的英语领读员；我鼓励她参加班级的讲故事比赛，带头为她鼓掌。她的自信一点一点找到了。在班级的队会排练中，我给她机会让她担任主持人，在一百多领导老师面前，她表现得落落大方。看到孩子能够这么勇敢自信，她的父母当场都激动得流出了眼泪。

这时，我对这个孩子的未来基本上放心了，相信她能用自己的微笑来面对这个世界，想起一句歌词"特别的爱给特别的你"。我深信，我付出的特别的爱，收获的将是李一心的坚强和自信，孩子的生命质量有多高，我们这个世界就有多好。

著名的教育改革家魏书生曾这样说过："班级像一个大家庭，同学们如兄弟姐妹般互相关心着、帮助着，互相鼓舞着、照顾着，一起长大了，成熟了，便离开这个家庭，走向了社会。"那么转学生更是兄弟姐妹中最小的一个，是最需要我们倾心付出，用心陪伴的部分。

愿我们携起手来乘赏识之风，捧起关爱之情，燃起信心之火，播下希望之种，使每一位新转学时都能沐浴在师生、生生的关爱之中。

第三节　帮"假小子"、"娘娘腔"找回"队伍"

一、奇怪的现象

看到这个的题目，我们很多人都会在心里苦笑不已，为何这看似天经地义的性别也成了我们要关注的问题，难道他/她连自己都不认识了？请大家随着文字走进这样两个小故事。

故事一：小学一年级男生，学校门口哭一个月

据报道在成都某小学，每天早上上学的时候，校门口都会出现：一个小学一年级的男生，妈妈送他上学。到校门口的时候，他就会紧紧地抱住妈妈的腰，不愿意离开。这种现象已经持续一个多月了。

当记者采访来学学校时也亲眼目睹这样一幕：当其他学生跑进学校时，这位学生却紧紧地抱着妈妈的腰，将头靠在妈妈身上，不愿意离开。妈妈蹲下身劝说了好一阵也不起作用，最后只能采用开学一个多月来的"惯用手法"——由保安将该学生强行抱去教室。

"我不去，我不离开妈妈！我不离开妈妈！"孩子的哭声从一楼一直响到二楼的教室，正在

做早操的几十位老师已经见惯不惊了。

而学校里的老师们也普遍反映，学校每年的小学一年级开学时，都会有学生哭着不愿离开妈妈的事情，数年以前多半是女生，但"这几年基本上都是男同学，女同学哭闹的反而少了"。

故事二： 女浴池里的不速之客

不知您身边是否有这样事情，每次到浴池的时候，都会看见年轻的妈妈或者孩子的奶奶姥姥领着小孙子在女浴池里洗澡。面对那些小男孩闪烁的眼神，很多女性都表现出了不自在，但是又都没有勇气去阻止。而这些家长就更加堂而皇之地领着孩子洗澡，在更衣室与一干女性共同换衣服。

看看孩子好奇的眼神，看看家长不以为然的深情，貌似错了的是我们这些人。

故事三：假小子

在我的学校，数年前有这样一个女孩，从小就梳着男孩般的短发，站立坐走的姿势和说话时的样子和男孩没有两样。无论校内校外，好朋友几乎都是男生，下了课就和男生玩在一起，男生们也完全不当他是女生，还尊称她为"老大"。班里开器乐课，老师按性别确定器乐种类，男生学黑管，女生学长笛，她偏买了黑管和男生一起学。学校订校服，男女不同款，她和老师软磨硬泡，要求订男生款，虽经一再劝说订了女生款，却永远只穿其中的衣裤，从不穿裙子，每回学校有统一活动，说服她穿上裙装都是老师最头痛的事。

二、教育者的忧虑

以上的三个小故事都是真实的事件，要么发生在你周围，要么出现我身边。而往往我们总是一带而过，一笑了之。这个笑的背后绝不是笑话，讥讽，也不是认为有趣，稀奇，而更多的是无奈和忧虑。

无奈于我们看到了现象却没有切合实际的方法和形式有效的指导。而这些问题的出现明显是性别教育缺失造成的，到目前，除了简单的生理卫生等之外，我国还没有专门的性别教育课。可惜也可怕的是，目前学校、教育界，特别是很多家庭，还没有意识到这一点！

忧虑的是我们的泱泱大国，面对如此这般的祖国花朵，该如何是好？能否"风雨一肩挑"，将来又如何承担家庭和社会的责任呢？

其实只要你留心观察，稍微关注一下这方面的信息，就不难发现，现在社会中早已出现了太多这样的现象，超女中的中性装扮，快男中的伪娘惊艳，不仅没有让我们反思，反而成了追逐崇拜的对象，追捧，宣传。将这种性别模糊的明星当作学习的榜样，认为更有个性，也更时尚。而这些不也正违背了我们传统意义上对男女的认识，对性别的区别吗？

作为学校中教书育人的教师们，我们更加忧虑，忧虑人们对性别模糊的宽宏大量，忧虑自己的桃李如何芬芳，忧虑国之栋梁如何担当。

三、产生问题的原因，以及性别模糊的弊端

那究竟是什么原因造成了越来越多的"男孩不男""女孩不女"呢？既然性别模糊是双向的，那我们不妨就从两个角度分别究其原因，共同探讨。

男性化女生的形成原因大体有以下几种：

（一）家庭教育中的"性别缺失"

1.家庭生活中缺少父爱

传统的观念认为，社会角色分工不同，大多数家庭还是"男主外女主内"，特别是有孩的家庭。往往现在家庭中，父亲疲于奔命，无暇顾及孩子的成长，或者又以工作忙为借口，将教育问题推给母亲负责，父亲在孩子的家庭教育中相当一部

分已经淡出家庭了，这样男孩子缺少学习的榜样，导致男人的阳刚、果敢、坚韧这些品质无法充分影响到孩子。就像每学期开家长会一样，班级不说清一色"娘子军"也是八九不离十了。面对家长会中母性的泛滥，父亲逃避教育责任的现象，更是屡见不鲜，不禁感叹"男孩不男"事出有因啊。

目前我国的家庭分布中基本都是独生子女，孩子没有同伴。他没有兄弟可以学习，也没有姐妹可以比较。在这样的情况下，男孩因为没有同性父亲或兄弟的引导就容易产生女性化倾向。

作为一线的一名教师，也从班级中众多孩子的身上发现这样的不同之处。男人和女人带孩子的方式完全不同，母亲多事无巨细、嘘寒问暖；而父亲带的孩子往往多以朋友的身份出现，给予的不是呵护，是锻炼，是鼓励，是个性的张扬，就连陪孩子玩个游戏都会很疯狂。

2.家长过度包办代替

家庭中多以母亲为中心，妈妈在陪伴孩子成长中总是扮演苦口婆心的角色，生怕孩子有什么闪失。为了避免孩子在生活中遇到困难，多半是想在先，做在前，无形中使得原本具有探索、冒险、勇敢、坚强的男生变的娇滴滴的，行动扭扭捏捏，比女孩还要胆小怕事，更不会主动解决问题，而是遇到困难急流勇退，躲在母亲背后，等待母亲的挺身而出。

班级劳动，对于高年级的学生来说是一件再平常不过的事情了，可就是这看似平常的一件小事，都映射出了母亲过分的溺爱。每学期开学前的大扫除，本是学生和老师共同进行的。可家长却表现出了担心和心疼，总是自然的推开正在刷地的儿子，亲自上阵大干特干，在看看身边的大男孩，不仅没有一丝的不好意思，更多的是幸福洋溢，乐在其中。此时老师总会善意的提醒，让孩子锻炼锻炼，可收到的却是一脸堆笑，各种托词。

当然家庭中不仅仅是母亲乐于包办，还有一个群体，那就是隔代教育。

东南大学应用心理研究所所长马向真认为："隔代教育以及母亲的溺爱，是勇敢、坚强、独立、宽容、大度、负责、有爱心等男子气质形成的天敌。如果在成长过程中缺少正确的男性榜样，将会给男孩带来灾难性的打击，在女人圈里长大的男孩将终身"缺钙"，甚至中性化、女性化、边缘化。"。

不难发现我们生活中总有一些家庭是"和睦"的五口之家，这样的家庭中祖辈人总会充当家庭的后方保障，尤其是当孩子处于幼年的时候，往往由老人帮忙带。而老人最希望看到的就是孙子能高高兴兴地、健健康康地生活，因此在成长中缺少挫折教育，缺少身体素质的锻炼。有时孩子父母提出的合理建议也拒不采纳，只一味娇惯，总是做出"谁也不能惹我孙子哭"的英雄气概，无形中助长了这些孩子娇惯跋扈的个性，也剥夺了孩子面对挫折，面对正确批评教育的机会，更让家庭教育中产生了分歧，影响了孩子的成长。

俗语说，"穷养儿子富养女"，知名心理学家于东辉认为，男孩要粗养，挫折教育是有必要的，体能的挑战也是有必要的，这样才能励志修身。对于老人带孩子，更需要强调这一点，要多交流大家对教育孩子的看法，尽量达成一致的态度。

3.男扮女装满足家长的心理需要

"好"字何解？有儿有女为好，可面对家里的独生子女，如何为好，只有把这种理想的状态和心愿化作一种装扮实施在自己的儿子身上，于是就有了男扮女装。记得我小的时候，就总能看见和我同龄的男生穿着红花绿衣，和我们一起玩耍，当时虽没有恶意嘲笑，却也在心里有了疑问，为什么男孩会穿女孩的衣服。再看到每每他母亲叫他回家时，他依偎在母亲怀中不住撒娇的样子，真的模糊了我们对他的认识。而目前仍有一群妈妈或隔代也总喜欢在儿子或孙子很小的时候给他们换上女孩的服装，化上装扮去照相馆照相。而周围的人又给予了最大的宽容，默默地见怪不怪。

知名心里专家于东辉对此表示，这不算是普遍现象，但还是要引起注意。孩子的准则，往往来自于大人。小时候的引导很重要。如果一开始就给了不良暗示，那难免会误导孩子。男孩当女孩养，孩子要么反感、抗拒，要么就随着那方向而去。相反，如果从小给孩子男子汉的信念，当然就能有效培养其男子汉气概。

4.所处环境中女性比例大

孩子每天活动时间最多的地方是学校，而目前中小学教师多数都为女性，女教师比例过高也是造成男生女性化的重要原因之一，而这种现象在小学中尤其明显。在我们学校中，一个年级能平均有一个男老师，都是一件不容易实现的问题，这还算上了需要身体素质好的体育老师，还有专业性强的微机老师。

我所在的学校，有教师150人，男的还不到30人，女教师占了80%左右。可在学生中这种男女的比例却有所改变，班级中男生多，女生少，在我的班级中男生超出女生10多人。这样的比例和教师男女比例的差距是很不协调的。导致了众多男生在众多女老师女性光辉的教育下成长。很多专家认为，学校里面女教师过多，教育教学、校园生活中女性氛围突出，这对学生健全人格的形成有不利影响。

这也只是提到了学校生活，之前我们已经分析了女性在家庭教育中对男孩的作用，其实生活中也处处可见女性的身影。孩子离开学校，离开家，在更广阔的天地里认识社会，了解社会也多伴随女性，商场中营业员的热情招待，酒店饭店的服务员，游乐场中的售票检票员也多为女性。生活处处都充溢着女性温婉柔和的氛围，男孩自然少了血气方刚，少了坚毅果敢。

5.传统教育评价失衡 尊重女生压抑男生

不知道您是否听过这样一个新名词"男孩危机"。何谓男孩危机，男生在各级各类教育中的学习成绩正在渐渐落后于女生。中小学男生的学习成绩一直落后于女生，中小学的班干部、三好学生也以女生居多。有记者在走访教育界人士发现，"男孩危机"在中小学尤其明显，而在男生通常较有优势的高中，近几年优势也在逐渐丧失。有关专家指出，男生的学业落后已经延伸到高等教育，大学男生学业落后的范围是全国性的。而更糟糕的是，男孩危机并不仅仅限于学业，男孩在体质、心理及社会适应的各个方面都面临更多的"麻烦"。

6.难道是男孩真的不如女孩优秀吗?

我国目前的教育和考核标准不够完善，也是造成男孩子缺乏男子气的一个原因。

传统的教育是要求孩子听话，按照老师的要求做事情，这才符合好孩子的标准。虽然课改十几年不断在强调素质教育，强调个性差异，但目前的考试仍然以学生被动学习的内容为主，知识点的考察也体现在对学生的细心、耐心、周全、安静等能力的考察上，这更适合女孩的思维方式。与女孩不同，男孩更倾向于以运动、实践操作、参与体验的方式学习。性别教育专家迈克尔·古里安认为，男孩的大脑与女孩大脑相比，更多地依赖动作，更多地依赖空间机械刺激。因此考查方式的偏向导致男孩们习惯用女孩的思维方式处理问题，久而久之对性格也产生了影响。

从生物学角度来说，男孩一天至少需要4次较为充足的课外活动，但生活中这份充足往往也只是中午大课间才算是一次，4次如何完成？因为学校出于秩序和安全的因素，不让学生课间跑跳，而冬令营、夏令营等一些户外活动更是不敢组织，社会实践也是少而又少。其实学校无形中成了男生释放空间的牢笼。在小学阶段，由于生长的阶段比较晚，学习不占优势，特长得不到发挥，性格发展得不到引导。男孩长期在学校得不到正面的反馈，最终造成了性格和性别上的缺失。

中国教育学会副会长朱永新教授表示，在以升学考试为中心的大背景下，按部就班、听话服从、反复练习、记忆优先，这样更加容易发挥女孩的优势。而男孩则容易成为应试教育的牺牲品。

因此"拯救男孩"成为了当下迫在眉睫的问题,需要更多人的关注和研究,让我们的男孩阳刚起来,恢复他们本来的样子。

女生男性化的形成原因大体也有以下几种:

(一) 传统意识重男轻女

什么是重男轻女:就是重视男子,看轻女性。指轻视妇女的封建思想。为什么会觉得男孩比女孩好呢?

1.承担劳动和责任的需要

这点不难理解,尤其是当父母的年老,不能再承担体力劳动时,能挑起家庭重任的儿子就是他们最强大的依靠。

2.就业门类广泛

当我们告别了校园的呵护,走向社会的一瞬间,我们不难发现,女性就业的机会要比男性少,原因是很多用人单位只招男性,因为男性没有女性成长过程中的很多阶段,更方便工作。

(二) 假小子易保护自己

一项对"青春期性心理研究"的课题调查发现,对自己性别不满的女生比例占了不少。她们对自身性别不满,是因为觉得做女性意味着软弱受欺负,会受到性骚扰,学习会越来越比不过男生,在就业等方面容易受到歧视。因此,她们想当男孩,自然在言行举止方面对中性化容易认同。

其实历史上也有这样的例子啊。花木兰代父从军,战功显赫;穆桂英,替夫征战,尽显巾帼英雄。但这些例子并非是从骨子里情愿改变性别特质,而是在特殊情况下的权宜之计,是时代实事所需。因此这些"假小子"有着积极的作用,也真正的保护自己、家人和祖国的利益。

而在我们生活中的这种现象显然和上述的例子不同, 所以就需要我们正确地引导, 而不是任由其发展。

(三) 男生危机导致女生挺身而出

男性化的女生受女人喜欢实际上是男人本身出问题了, 是因为男人不够男性化!

南宋时期的文学作品《白蛇传》也多少反映了男性弱化情况, 同时也暗示和促使了阴盛阳衰的发展。而近年来奶油小生和男人婆肥皂剧大量生产, 也对当代青少年有不可估量的影响。

男性的阳刚之气的不足, 以使女性对男性的依靠感减弱, 最终导致女性本身的刚强。

(四) 崇拜耍酷更加时尚

在这个张扬个性的时代, 有个性才会更有吸引力。反传统、求新, 成为女孩吸引人的亮点。所以有些女孩借助中性化来得到更多的认同。有些女生从来不穿裙子, 喜欢穿宽松的T恤, 言谈举止模仿男生的样子, 在校园里到处走动; 这样的行为吸引了其他一些女生的喜爱和崇拜。处于青春期的女孩子都很"爱美", 在她们眼里, 这些与众不同的打扮就是美。

超级女生中的佼佼者, 有多少都是因为中性打扮赢得了人们对他们的追捧, 而这种追捧不仅是对这些偶像的崇拜, 更多的是效仿、跟风。加上社会对人们个性张扬的包容, 所以一时间成为时尚, 成为流行。

(五) 学校家庭缺少性别教育

就目前的教育而言, 我们往往只关注了性教育, 而前不久新出版的首部小学生性教育教材, 又因尺度大而遭到了各方舆论。而这部书也只是就生理上的性进行了教育,虽然填补了空白,但也却非性别教育,而我国恰恰在这方面有着确确实实的缺失。

对欧洲人来说更多的是性别教育而不是性教育。在瑞典做关于性的教育的人必须是国家专业人员,老师和家长是不能做的。老师和家长只允许做性别教育,就是引导女孩子他的人际关系和男孩子有什么不同,包括爱好、小团体彼此之间的友情还是性别教育。就像生活中,当一个女孩淘气的时候,妈妈可以装着不理睬他,因为我们心理学讲强化,有时候批评反而是强化,越批评他反而越多。相反对属于她性别的行为给予欣赏、喜悦、回馈,这样反复刺激他,她这方面的行为会很多。让孩子们都明白应在发挥自己"性别"优势的基础上,注意向异性学习,克服自己性格上的弱点,而不是男生女性化和女生男性化。

女孩、男孩都应该"双性化教育"有调查显示,过于女性化的女孩和过于男性化的男孩,智力、体力和性格的发展一般较为片面,相反,那些兼有温柔、细致等气质的男孩,兼有刚强、勇敢等气质的女孩,却大多发展全面。所以专家认为,不论男孩女孩,都应在发挥自己性别优势的同时,多向异性学习,克服自己的弱点。

四、建议

青少年性别认同模糊是不容忽视的问题。因此参考众多专家的观点,提出如下建议:

(一)家庭教育建议

建议一:如今的独生子女都没有性别参照物,因此,家长应有意识地培养孩子的性别特质,有意识地鼓励男孩子冒险、质疑,女孩子文静、秀气,进行"男人教育"和"女人教育"。不要给孩子异性装打扮,帮助孩子欣赏、强化自己的性别认同。

比如：当男孩摔倒后，不要马上给予过多的关注和呵护，要让他们有主动站起来的意识，并不要因为家长的过度关心而撒娇，放赖。

在户外活动中应有意识地给男孩增加难度，培养他们发现问题，解决问题的能力。并通过户外活动，找到男生血气方刚的样子，培养男生勇于冒险，敢于攀登的精神。

在生活中，充分体现男生男子汉的优势。当父母手中提了物品，需要帮助时，就应该有意识的引导男孩分担重物，分担责任，帮助树立分担风雨，共享阳光的态度。从而在孩子的角度，也无形中建立他们男性强大的自信，找到了自我价值。

女生的性别教育也同理于男生，在生活中寻找机会帮助孩子树立女性特有的柔美，善良的性格特征，如：公众场合不高声言语，在玩耍中更加文明，友爱。

建议二：家长作为孩子生活中的老师，应该时刻关注孩子的心理感受，给孩子以恰当的爱，接受孩子的性别，而不是按照自己的想法实行不科学的育养方式。在家庭中要强化孩子和同性别父母的关系。

小男孩天生就欣赏父亲那强有力的臂膀，喜欢被他高高抛起，还有那洪钟般的嗓音；而小女孩则更爱在妈妈温暖的怀抱里依偎，喜欢她亲切的微笑和模仿母亲的行为，这都是正常地认同性别偶像的过程。

建议三：减少影视作品中性别模糊现象对孩子的消极影响，抵制青春剧中男演员女性化和女演员"野蛮化"的倾向。老师和同学不要对学校里有类似表现的孩子产生歧视，要避免"贴标签"似的评价，指导和鼓励孩子正常地同异性朋友或同学交往。

对于这一点，我们作为家长更应把好大众传媒的这道关卡，不要让孩子过小，过早的接触这些性别比较模糊的影片，以免以他们为模仿对象，造成了盲目的崇拜，甚至模仿，干扰了孩子对两性的正确认识。

（二）学校和社会教育建议

建议一：提高学校领导、教师、管理人员对性别教育的必要性的认识，形成全员重视性别教育的环境氛围。

建议二：将性别教育纳入学校整体的教育教学规划中。

建议三：在社区或学校建立"青少年性心理课堂"，普及青少年性心理健康教育。学校应重视将"性别教育"纳入中小学生心理健康教育体系之中，抓好性别教育，提升整个民族的综合素质。

建议四：培养教师掌握科学的性别教育方法，具有现代性别意识。

建议五：开展丰富多彩的校园文化活动，利用第二课堂实施性别教育。

建议六：通过请进来，走出去的方法，利用社会资源，尤其是妇联资源做好性别教育工作。学校应引进性别教育。河南教育学院教育学教授徐玉斌认为，性别教育应该得到更多的关注。"孩子需要更多的社会角色教育，学校应该有意识地培养男女生不同的性格特点。"

因此，在我们班主任工作中可以让男生多参加体育活动和体力劳动，以培养他们坚毅、勇敢的性格；可以给女生专门开设女性礼仪课，让她们形成良好的气质修养。

比如我们学校就面向全校师生，开展了篮球，乒乓球，跆拳道，围棋等体育运动，这些项目的设立，无形中给了男孩子更多选择的余地，让他们有的放矢地玩耍，淘气，并在这片天地中大展拳脚。而同时也开展了陶泥，剪纸，刺绣，绢花等手工活动，这些项目的设立，又给女生以空间，让她们有耐心，有热情去做这些想对缓和，优雅的活动，培养她们动手和审美的能力。

建议七：让学生在学校生活中扮演更多的社会角色，从而较早的明确自己今后的社会分担和责任以及义务。

建议八：在班主任工作，对于男生更应加入挫折教育，要在学习和生活中有目的，有层次地设下困难，让他们通过一次次摸爬滚打，从跌倒中爬起，学会正确对待困难和挫折，坚强地走下去。

而对于女生，则应更重视保护她们的自尊心，通过心与心的沟通，或语言，或书信，或礼物拉近她们与老师的距离，通过晓之以理、动之以情的沟通，建立和完善她们女性心理和女生性格。

前苏联教育学家苏霍姆林斯基曾说过："青少年时期是一个真正的男人和女人诞生的时期"。可见青少年的性别教育在其一生中将起到重要作用。而现代的儿童教育提倡双重性格的培养，就是让孩子不是只具备一种特质。通过具有双性化心理和行为特征，更好地适应环境；具有双性化人格的人也是继承了男女优势，具有更高的心理健康与自尊，自我评价更为积极的优秀的人。

案 例

"兰花指"变为"大拇指"

在我们学校有这样一个男生，高大，壮实，小学四年就有175厘米的身高，在外人眼里他是个顶天立地的大男儿，可在同学眼中，老师心里，他却是个温柔，细腻，有些小女孩的小男生。平日里说话总是爱翘兰花指，笑时也总用手遮挡住嘴，莞尔一笑，走路更是忸怩作态，如同T型台上的女模特。看着他身材和举止上的巨大反差，真让人不敢相信。更令人觉得惊讶的是，在学校众多的兴趣小组中，他选择了扎绢花，据他的老师说，他扎花的技艺在班上是数一数二的，而且心思细腻，心灵手巧，做出的作品总是学校展览级别的。真想不到那样一双粗大的手，居然能这么细心、耐心地做手工。而平时班级中的他也更是好好大叔，和女生总是打成一片。

我和他的渊源是在他转学之后来到我的班级，当时的他还没有那么高大，性格中的女性化表现还不那么明显。通过半学期的相处，观人于微的我，在多年班主任工作中，早已练就了一双火眼金睛，我发现了这个孩子身上些许的问题：总是爱伸出兰花指，课堂上相对内向，及时发言也显得格外羞涩，有时遇到不好意思的事情，总会把头别到一边。于是我找来了家长，和家长共同分析了孩子的情况。通过了解才知道，因为父母都是大龄后才生育了这个儿子，又是家中的独子，父辈的单传，所以全家上下都呵护有加，更多的时候是在困难发生前就直接预防到位，孩子没有机会自己独立面对生活中，学习中的问题，因此也更没有解决问题的能力。真的是"含在嘴里怕化了，搁在手心怕掉了"完全的依赖于家长的庇佑，根本没有挫折教育，对自己缺乏自信心和认可度。再加上父母都是搞化妆品生意的，平时孩子所接触的人多为女性，又都属于爱美，善于捕捉女性魅力的人，孩子在潜移默化中形成了比较阴柔的性格和举止。

知道了这些信息，作为班主任便能对症下药，帮助孩子建立自信，找到自我，有机会也有勇气的面度困难和挫折。莫泊桑说过这样一句话："只要有一种无穷的自信充满了心灵，再凭着坚强的意志和独立不羁的才智，总有一天会成功的。"

之后我便利用一切机会锻炼他阳刚之气。班级劳动中选脏活，累活让他承担，并事后在班级中刻意渲染他热爱劳动，不怕苦的精神；运动会时让他选择自己相对擅长的掷垒球，平时督促他训练，找对手和他PK，增强其体制，建立其信心；培养他当体委，带领同学们游戏，组织体育活动，并做好日常列队的训练；而当他的工作完成不认真时，以提醒鼓励为主，增强他的信心，反复出错也绝不姑息，一定严厉批评，让他体会严格要求的作用，体会挫折带给他的成长。我还给他推荐一些关于男孩成长的书籍，《男孩的冒险书》、《真正的男孩》，让他通过阅读找寻到男孩的特质和优势，从而重新调整自己。而与此同时我也让他的父母积极配合，在家里让他扮演承担的角色，比如搬货，理货。当学习和生活中遇到困难，家长也不要马上出现，而是让他靠自己的行动战胜困难。

就这样我们坚持了两年时间，他也逐渐有那个"兰花指"变成了同年级中个子最高，体态最健硕，性格独立坚强的大男儿，而我们也都由衷地为他竖起了"大拇指"。其实在改变这样男孩的时候，我们就要告诉他们抗挫折能力就像人生的疫苗，只有经历了才会使男孩成长为男子汉，造就韧性，由铁变钢。

班级文化就是班级学生在班主任的引导下，利用班级的精神氛围、文化制度、文化关系、文化环境等来熏陶和培育学生的活动，它与班级管理和教育教学活动密不可分，是班级精神文化建设和物质文化建设的重要条件，具有明显的行为导向功能。因此，加强班级文化建设，努力营造积极、健康向上的班级文化，是提高班级管理水平和促进学生发展的一个重要举措。

第一节　班级文化不是 "画墙报"

提起班级文化，可能会有些老师自然而然的认为，班级文化就是布置布置墙报，设计几条标语，在班级的评比栏中贴几朵小红花等，显然，这是对班级文化的误解。

一、什么是班级文化

班级文化是 "班级群体文化" 的简称。它包括班级物质文化和班级精神文化，是调动班级集体的凝聚力，促使学生发展进取的灵魂。具体是指班级成员在班主任老师的指导下，通过对所在班级环境的设计和布置，形成一种共有的信念、价值观以及态度的复合体。班级成员的言行倾向、班级人际环境、班级风气等为其主体标志；班级的墙报、黑板报、活动角及教室内外环境布置等则为其物化反映。

班级文化具有隐性和显性的特点，具有 "润物细无声" 的特殊教育效果。班级文化不仅集中反映出一个班集体的精神面貌，为学生的身心发展创建良好的氛围, 还能营造出一个勤奋向上、充满活力的班风, 使学生在班集体的生活中学会明辨是非, 健康成长。因此, 一个有经验的班主任, 常常会利用班级文化的潜移默化来优化班集体, 从而达到班级管理的"处处有教育, 处处皆学问"的目的。

所谓班级文化的隐性特点, 指的是全班学生在班主任和任课老师的指导下, 形成的以全班学生为主体, 共同制定的班规, 班训, 班级各种管理制度 (包括值日表, 学生责任岗分工和班干部队伍建设等), 经过一个阶段的学习和生活, 形成的班级特有的制度文化、行为文化、价值理念、道德理念、班级精神、学生心理倾向等为主要特征的班集体文化。这种班级"隐性文化"的长期推行会形成一种习惯, 对学生的影响是深刻和持久的, 是植根于学生心灵的思想意识。

班级文化的显性特点, 指的是班级的环境文化。如整齐悬挂的窗帘, 窗台盛开的鲜花, 摆放有序的桌椅, 光洁无杂物的地面, 精心设计的评比园等, 让每一个踏进教室的人都有一种赏心悦目的感觉, 不仅让教室有学习场所特有的书香气, 还要让教室中处处充满温馨, 营造一种家的氛围, 使每一位学生身心愉悦地在教室中学习。

二、怎样创建班级文化

(一) 营造良好的学习环境

俗话说:"环境造就人。"一个班级的文化环境对于学生的熏陶是潜移默化的, 它对学生的成长起到举足轻重的作用。但在教学过程中, 我们却不难发现, 有很多班主任是不屑于打理班级的环境。

随便走进一个班级, 只需环视一下教室, 你就会对这个班的班级文化建设有一个八九不离十的了解。窗帘是否掉了好几个吊钩, 歪歪斜斜的悬挂着, 或者当不当正不正地有气无力地垂在窗户中间, 对坐在窗前的学生丝毫起不到遮阳的作用; 窗台上摆放的要么是了无生气的假花, 要么是晾成了"木乃伊"的花的"尸体"。教室后面的评比栏形同虚设，贴着翘了边的褪色的学生作品……这种现象我们似乎很熟悉吧？而我们班主任是不是恰恰就在这样千头万绪的繁忙工作中，一不注意忽略了班级的这些文化要素呢？

苏霍姆林斯基说过："只有创造一个教育人的环境，教育才能收到预期的效果。"理想的教室是应该有鲜花，有阳光，充满书香气的。优美的教室环境能给学生增添无尽的生活和学习的乐趣，消除学习后的疲劳。我就是这样营造班级环境文化的。

路过我们班级的老师，视线总会不知不觉被教室里引人注目的环境布置所吸引。我常常邀请老师们到我的教室看一看，欣赏这舒适的教学环境，切磋养花经验。墙壁上悬挂着学校书法老师——青年书法家韩春民的墨宝书轴"宁静致远"和""小胜靠智慧，大胜靠品德"，无声地渗透学习和做人的真谛。教室后面的墙报独具匠心。一颗大大的由全班学生照片组成的心，包含着我对全班同学的期望——四十一个人一条心。上届毕业生回校看望老师时，对这个心形图案格外熟悉，因为这颗心形图案伴随他们在吉林市第二实验小学度过了六年的时光，如今又将陪伴这一届孩子度过小学阶段。班级的自主管理评比栏贴着学生每周的评比情况。雪白的墙壁上，贴着学校统一设计的彩色眼保健操图和《小学生守则》。让教室的每一面墙壁都会"说话"，是班级文化建设的重要因素。

窗台上红花绿叶，鲜花四季开放，十分养眼。有每年五月份开放的牡丹栀子花，开花时香气浓郁，花朵雪白如同月季，下课时常常吸引学生围观欣赏；有粉白艳红的杜鹃花；有倒垂着紫红油亮花蕾的螃蟹爪，还有肉嘟嘟翠绿欲滴的八宝树……夏天偶尔在窗台上还会养一鱼缸漂亮的热带鱼，为学生写作提供了不少生动的素材。教室里养花一举三得，不仅美化了教室环境，陶冶了学生的情操，还培养了学生的责任心，每盆花每学期都有专人负责，定期浇水，观察花的健康状态，出现问题要及时解决。

班主任工作千丝万缕，难免会有让人心情郁闷的时候。每当这时，我常常站在窗前，去掉开败的花朵，摘走枯黄的叶子，或者拿起水瓶给花浇浇水，心中的郁闷便会慢慢消逝，心态逐渐平和，所以建议每位班主任都养养花。不止是养花，还是在养心情。在和学生们一起养花过程中，我还常常和他们讨论"浇花要浇根，交人要交心"的道理，学生虽小也逐渐品味到其间深意。

保持班级环境的整洁美观，还离不开细节管理的坚持。如值日生按时值日，清扫彻底；班级卫生管理员每天上下午间操时注重三检：桌堂物品摆放，两操时桌椅归位，课前物品摆放等，即便个别同学忘记了摆放桌椅，那么本组的同学也会善意地为他做好并提醒他。因为这种管理是层层相扣的。如果组内成员有人因这种养成习惯做得不好，那么他的名字被记上黑板的同时，本组也会受到批评的。在每周五进行班会总结时，他们组的积分就会落后。一荣俱荣，一辱俱辱。每个学生的心中，集体荣誉感都是很强的，一个聪明的班主任，应该认识到这一点，并将其荣誉感最大化的挖掘出来。这种荣誉感扩大它的晕圈，就是爱班级，爱校园，爱家乡，爱祖国。培养学生心中有大爱，从小处做起。

每天中午学生在班级吃完饭，往往会把餐盘随便地放到讲台上，七零八落的餐盘狼藉一片；也有的班级学生将吃完的剩菜和剩饭一股脑的全倒回饭桶或菜桶里，餐盘也直接放到桶里送回食堂，所有的残局都扔给食堂的师傅们收拾，这种行为很不负责任，也很不卫生，缺乏一种文明就餐的素质。如果老师将班级的垃圾桶套上大塑料袋，要求同学们用完餐后，将剩菜剩饭倒在垃圾袋里，餐盘有秩序地摆放在一起，既方便值日的同学，学生就餐也多了一分的放心。有趣的是，在摆放餐盘的时候，往往摆至五六个盘的时候，如果有一个调皮的同学没有按规定摆放，而是另外放在了一边，这时候就像有不和谐的音符打乱了原有的秩序，摆置的盘子就会出现混乱，就如同我们熟悉的"破窗户效应"一样，所以，最初的习惯养成是需要监督的。坚持一学期后，这种习惯养成会形成定势，从而形成一道风景：学生有秩序的排队打饭，负责取饭桶菜桶的同学有时会向老师要求特殊待遇——享受先打饭的待遇。因为为同学服务了嘛，享受一点"特权"也是应该的。这些小镜头是很有意思的，班主任在应允他们的同时，也享受着学生那一点可爱的"狡黠"带来的内心的愉悦——与孩子们在一起是多么快活的事，他们有那么多的"小节目"。天知道，他们小小的心灵中还会有多少丰富多彩的思想。

班级文化建设如果只停留在表层上是不持久的，道德品质的栽培使班级文化具有更深的内涵。好习惯就是这样一点一点养成。许多校园生活中看似不起眼的管理细节，实际上是老师在有意培养学生的习惯，并将这种习惯春风化雨般植根到学生的心中。

(二) 健康和谐的师生关系

我国古代教育文献《礼记》中就有这样一句名言："亲其师则信其道。"它是我国伟大的教育家孔子倡导和终生实践着的一条教育教学规律。孔子热爱自己的学生，以他严谨的治学态度、渊博的知识学问、良好的教学方法赢得了学生的无限热爱和敬仰。同样，在今天，我们老师如果想让学生喜欢自己所教的课，积极参与班级的各种活动，那么首先就要让学生喜欢自己这个老师。

良好的师生关系能使学生拥有良好的情绪去面对班级的一切学习活动。正所谓和谐促发展。有着和谐健康的师生关系的班级，学生的精神面貌必然是充满阳光的、蓬勃向上的、散发朝气的。这一切，取决于班主任老师的文化涵养。班主任老师如果拥有平常、积极、知足、宽容、感恩、达观的心智模式，那么他（她）本身就成为灌输学生精神世界言传身教的标杆。老师的一言一行，一举一动都会悄然无声的传递给自己的学生，老师的一个会意的眼神、一缕宽容的微笑、一句不起眼的表扬、一声看似批评的嗔怪，在学生心灵中就会荡起微风般的涟漪。这种和谐温馨的师生关系，是班级特有的人性文化，是看不见摸不着的，但确实触及心灵的。

　　低年级时，小学生特别渴望得到老师的肯定和赞许，可能作业本上一朵小红花就会让他美上一天，回到家里还要跟家长大大炫耀一番。这种行为要一直持续到三年级左右。老师不要吝啬自己的赞美，因为好孩子是夸出来的。得到的夸奖越多，学生的自信心就越强，学习积极性就越高涨。经常有家长说，老师的一句表扬胜过家长的一百句。为人父母的老师，对这类现象会深有体会，丝毫不夸张。因为老师总表扬孩子，孩子跟老师的关系就越来越亲密。老师说的什么话都是圣旨，你要求什么他们就做什么，所以参加班级活动啦，热爱学习啦，似乎都不成问题了。不信，看一看冰心老人、魏巍等这些成名的大作家，他们小学阶段有不少人是因为老师的表扬而激发写作热忱，热爱文学写作的呢！

　　随着年级的增高，学生日渐长大，他们的内心也逐渐丰富敏感了。老师的表扬要有一点水平。多一些幽默，少一些陈词滥调，尽可能少的训斥学生。

　　法国作家封丹曾写过一则寓言，讲的是南风和北风比威力，看谁能把行人身上的大衣脱掉。北风先来了个冷风凛凛，寒冷刺骨，结果行人为了抵御北风的侵袭，便把大衣裹得紧紧的。南风徐徐吹动，顿时风和日丽，行人因之觉得春暖上身，始而解开纽扣，继而脱掉大衣，南风获得了胜利。后来人们把这称为"南风效应"。这则寓言带给我们在教育方面一些启示：无论做任何事情，都得讲究方法。批评好比寒冷的北风，表扬如同和煦的南风。相对于批评，学生们更喜欢表扬，喜欢老师的关注。只有将这两者灵活运用，孩子的身心才能得到更健康的发展。师生关系和谐了，学生的主人翁意识充分发挥，进而形成温馨友善的集体氛围，也就是每个班集体现出来的集体的思想、行为和作风——即班风。具有良好班风的集体，将成为陶冶学生优良道德情操的摇篮，是班级文化的重要组成部分。

(三) 布置精美的文化墙

透过一个班级的文化墙，我们可以捕捉到很多信息。首先，我们看到一个整洁美观，内容丰富的文化墙，就会感受到班主任严谨认真的工作作风，井然有序的班级管理；班级的形象和风貌也通过这一扇小小的窗户，折射出了班级的文化底蕴。相反，随便应付的班级墙报内容单调而寥落，则投射出班主任内心世界的消沉与诸多的不屑，教学中也不免存在"当一天和尚撞一天钟"的尘世心态。如果想了解一个班级的状态，不妨观察班级的文化墙就可以了。细微之处见真知。小到一个小按钉是否固定，一幅作品是否端正，都可以无声的传递给你丰富的"语言"。精心布置班级的文化墙至关重要。

每个学期，学校都会有不同的文化月，班主任可以根据学校活动特点设计文化墙，不断更新。鼓励学生自己创造性地设计、布置文化园地，让文化墙呈现班级特色，成为学生表现创造力、体现个性化的舞台。

文化墙可以分成几个版块，如学生作品展示交流：可以是学生干净整洁的作业、绘画作品、书法、习作等，由各组推选出优秀作品张贴，每月更换一次。老师也利用此等契机，鼓励学生的积极性，给学生一种"我真棒"的心理暗示。墙报文化不仅仅是展示作品那么简单，这也是教育的一种契机。陶行知老先生不是说过吗？"生活即教育。"老师所做的一切，不都是在为我们的教育服务吗？

文化墙还可以张贴班级的班训、班风、学风、班级制度等，丰富教室文化。如果班级能定期设计手抄报那就更好了。我所带的班级学生坚持设计《春蕾报》已经有十多年了，《春蕾报》的名字便是十多年前在同学中征集手抄报名字，一个叫刘月的同学命名的"春蕾"赢得大家的认同，便一路沿用下来。每一届学生的绘画设计能力都有所不同，但相同的是，他们的创造能力和想象能力总能给老师带来无限惊喜。手抄报内容是多样化的，有关于读书的，有关于学习雷锋的，有关于传统节日的……学生年龄越小，对待手抄报的态度越认真，越是这样的作品，老师越舍不得扔，弥足珍贵。所以手中也积累了多年学生优秀精美的手抄报。我觉得这些卖废纸可能值不了几个钱，但对于学生当初的引领者与指导者，我倍加珍惜，因为这是一种心灵的财富。这种财富，也作为一种文化沉淀在学生的心中。小学毕业十多年的学生，提及往事，仍念念不忘班级的《春蕾报》和老师引领背诵的唐诗宋词。

文化墙中不可或缺的还有班级的评比栏。很多班主任愿意从纪律、卫生和学习等几个方面来设计。也有独出心裁的，做一个智慧树模样的评比角，将各种评比设计成不同颜色的苹果，既美观又新颖。还有的班主任用自己中队的名字设计评比栏，如"群雁高飞"，背景设计成蓝天大海的模样，很养眼。家长一进教室就能看到自己孩子的影子，墙报文化变成班级同学学习生活的一面镜子，融德育智育于一体，一举多得。

三、建设健康向上的班风

首先，我们要明确什么是健康向上的班风？健康向上的班风主要体现在学生活泼的性格，活跃的思维，对待同学和师长友爱团结，彬彬有礼；在老师的常规训练下养成良好的行为习惯和学习习惯（不排除有个别自控能力弱的同学），班级中同学是非分明，有正义感，有健康阳光的心态等等。在一个班集体中，班风的好坏，直接关系到每一位学生的心灵的成长。

（一）客观恰当的学生评价

班主任老师是健康班风建设的核心人物，她（他）是学生的精神领袖。德国哲学家卡尔. 雅斯贝尔斯在《什么是教育》一书里讲过："教育意味着一棵树摇动另一棵树，一朵云推动另一朵云，一个灵魂唤醒另一个灵魂。"班主任的角色就是那棵最先摇动的树，最先推动的那朵云，最先觉醒的那个灵魂。而这个教育的过程，则是老师与学生的每一次心灵的碰撞，是碰撞出积极的火花，还是越碰撞心灵的距离越远，这主要体现在老师对学生的正确看待和评价上。

在班级中，那些行为习惯好、学习成绩优秀的学生总是招人喜欢；相反，班级中总有一些学生自控能力弱，学习懒散，还经常违纪惹祸，给班级扣分，对这样的学生老师本能地心生厌恶。如果班主任老师有这样的心理意识，就会使其他同学对这些后进生形成一种鄙视倾向，反而导致这些后进生破罐子破摔，对班风建设会起到破坏性的影响。"尺有所短，寸有所长"，学习成绩优秀的学生可能在待人处事上有欠缺，如爱小肚鸡肠，爱斤斤计较等；行为习惯差的学生身上也有闪光之处，如热爱劳动，对老师的批评不记仇等。只有对学生正确客观地评价，才会使学生对老师爱中有敬，怕老师又爱老师。

在班级中有一个叫肖旭龙的男生学生，个人卫生习惯和自理能力不好，书包中的卷子常常卷成一个团一个团的，更别提文具盒中的文具了，丢东落西的现象日日常见，桌堂里就是一个垃圾场，班级中任何一个女生都不愿意和他一桌。只要把他放到组里面，他几乎每天都要哭鼻子。因为他的行为习惯让周围的同学很厌恶，说他两句他就要耍脾气。看到一个大男生那副窝囊相，老师真是又气又急。怎奈多次劝导他也不见效果，在这样的男生身上，缺乏一种自信和男儿的骨气，需要老师在同学中帮助他树立一个健康的形象。在日常生活中，我发现肖旭龙力气很大，班级中的饮用水没了，总是他一声不吭地扛着空桶下楼换水，不一会功夫就搬回一桶水，手脚麻利地将水换上，这期间不用任何同学帮忙。组内打扫卫生，最后倒垃圾桶的活谁都不愿意干，组长只要叫肖旭龙去倒，他二话不说拎起垃圾就走。这些细节我看在眼里，借助习作课指导学生写《我熟悉的一个人》，我举了肖旭龙同学的例子，既列举了他有目共睹的缺点，又举出他身上的闪光点，教育同学要学会客观地看待一个人，不能因为一个人有缺点就将其一棒子打死，全盘否定；学会欣赏每个人身上的优点，包容别人的缺点，慢慢帮助他改正，这才是同学之间的珍贵友情。在我的引导下，班级同学慢慢淡化了对肖旭龙的偏见，肖旭班级同学的评价意识很多时候是跟随老师的思维,如果一个老师厌恶一个学生,那么这个学生也会受到同学的厌恶;老师经常在班级表扬一个学生,那么这个同学就会经常生活在同学们欣赏的目光里;两者所造成的心理落差是不可想象的。前者可能会让一个灰暗的心灵滋生仇恨,而后者则是塑造一个美好崇高的灵魂。这就是评价的魅力。老师如果想让班级的同学学会客观评价他人,那么老师首先要端正自己的评价意识。老师没有歧视,同学中便没有歧视;老师没有排斥某个同学的言行,那么班级中就不会有排斥。和睦、团结,这是良好班风的根本。

(二) 树立正确的舆论导向

学生最忌讳老师偏向袒护,班级中如果有这样的意识存在,将不利健康向上的班风形成。在低年段,老师为了鼓励学生的积极性轮流当班干部,到了中高年级,学生的竞争意识强烈了,工作能力得到了锻炼,就可以在班级中民主选举。公正公平的选举可以让同学心服口服,老师根据学生的工作态度和责任心的强弱,任免和替换班干部。每次更换和任免,老师都要征得同学的同意,不要"一手遮天",给学生造成一种心灵上的强势。老师尊重同学的决定,学生尊重老师的建议,通过选举让学生明白,只要学习态度端正,工作认真负责,每个同学都有权利担任班级干部,在班级中不存在"靠关系,走后门"的现象。但是仅仅是为了满足个人的虚荣心而当班干部,在工作中投机取巧,偷懒耍滑,迟早也会被老师刷下去的。

班干部选举有时也会有学生起哄的现象,把一些责任心不强的同学哄抬上班干部的位置,但是经过一段时间的检验,这样的同学就会明显地表现出能力不足或责任心不强而导致工作不称职,让老师和同学心生不满。五年级班干部选举时,有一个叫张暄源的男生，最初他的职务是小组长。新一轮竞选时，他临时想竞选学委的职务，在座位上涨红着脸试探了几回，终于在同学的叫好声中走上讲台，简短而慌张地表白了自己的竞选意愿，同学们欢叫着让他通过了民主选举。可是真正到工作岗位上，别人主持早自习晨读，他吊儿郎当不认真读；等到他主持自习时，只管记别人的名字，一个月不到，同学们怨声载道，都说他不称职，结果被老师刷掉了，让他当小组长还不屑于当，不肯吃一点亏。到了六年级要选团员的时候，他黏住老师要当团员，可是老师举出他平时的表现，实在不够团员的标准，于是他很沮丧。究其原因，主要是这个同学没有为同学和老师服务的意识。这种意识，就是班级中的不正之风：得便宜就往前冲，吃亏的事赶紧往后退。无论做人还是做事，这样的同学，这样的思想意识，都是老师要极力制止的。

学生到了中高年段，很容易在班级中形成一个一个人际圈子，有时这样的人际圈子，会产生一些不良的情绪，这种现象在女生身上特别常见，班主任老师要格外警惕这种歪风邪气。一旦发现苗头，立刻在班级利用班会时间将这一现象公开讨论纠正。在六年六班有一名女生叫孙一凡，学习成绩优异，在年级堪数一流人物。由于她比别的同学心理成熟早，读书多，所以脑袋里有许多奇思怪想，常有一些搞笑的节目让周围人哈哈大笑。在她的周围围绕着一群小粉丝。有时她如果看不上班级中哪位同学，就会有一群同学响应她，疏远该生。有时候她还会给班级同学起外号，甚至有时候，她还会对专科老师不尊重，专科老师课堂上如果有一些细节让她抓住，她就会在私底下嘀嘀咕咕，所以许多专科老师都很不喜欢她。有一次，大队委值周，孙一凡是大队委员，崭新的值周袖标在她手中仅仅一天就弄丢了。她没有直接向班主任老师汇报，而是撒谎放在班级另一位大队委的桌堂里。老师再三询问，她也不认账。晚上，班主任老师向孙一凡的家长核实情况，结果证明这个孩子撒谎了。第二天，家长主动来到学校，配合老师一起教育孩子。同时老师将该生在班级的其他表现一一向家长汇报，家长很重视孩子的这些非智力因素的表现，认为在孩子成长中应极力避免孩子出现的这种道德品质问题。同时老师在班级利用班会时间，将如何做事和如何做人的准则摆到大家面前讨论。引导学生树立讲诚信的道德观念，尊师爱生是每一位同学都应该具备的美德。通过班级的一些事例，让学生明白做人比做学问更重要。

(三)积极进取的竞争意识

良好的班风还离不开班级中积极进取的竞争意识。学生积极上进，思想活泼，事事争先，不甘落后，在班级中会形成一种向上的氛围。学生凝聚力强，集体荣誉感强烈，这样的班级往往在学习和其他活动中都是所向披靡的。学校每年的运动会最能体现出这种凝聚力。运动员们是老师和同学眼中的宝贝，每一轮竞赛下来，同学递水的，擦汗的，忙得不亦乐乎；没有项目的同学给班级献饮料，搭帐篷，家长也是有一分力出一份力，班级成了一个团结和睦的大家庭。

一个成功的班集体，离不开成型的细节化管理。事无巨细。在日常学习生活中，老师也有意识地为学生树立竞争对象，培养学生不服输的精神。例如班级中分成四个学习小组，每个小组有十二名成员，老师按照课堂纪律表现、作业上交情况、课堂听讲情况和各项活动参与等，每个小组互相竞赛。到每周五的班队会时间，评出优胜组。班级有评价，有奖励，有专门的班级彩印积分卡。学生的学习生活因为有了积分而变得有趣。课堂活了，学生发言积极了，作业上交更及时了，小组的团队凝聚力增强了。学生可以根据不同分值的积分，兑换不同等值的奖品。由家长委员会负责商量奖励基金的事情，班级有五名同学担任财政大臣，负责管理奖励基金及奖品采买，并注意随时征求同学意见，购买同学喜欢的文具或奖品，期末家长会上还要做总结和财务报告。老师不得利用职权动用奖励基金一分钱。班级内的积分卡极大程度的激发了学生学习的积极性，增强了学生的竞争意识，每一位组员唯恐自己给组内拖后腿抹黑，凡事努力向前，形成健康向上的勃勃生气。

　　班主任是班级建设的设计者、组织者，是良好班风的倡导者，是学生健康成长的引路人。要想使全班学生生气勃勃、富有个性，班主任在工作过程中就应该有创新精神，激励学生天天向上，形成班级特色。实践使我体会到：班主任只有不断地更新观念，科学化管理班级，才会开辟出一条班级的理想之路。

第二节　班级制度与班级约定

　　看到"班级制度"和"班级约定"这两个概念，老师们会认为，班级约定说的不也是班级制度吗？换汤不换药，有什么区别呀？但是两种不同的叫法，却包含着两种不同的理念。班级制度从老师的角度出发，约束学生被动服从遵守；班级约定来自学生，尊重学生，是老师和学生达成的共识，更具人文性。

一、班级制度与班级约定的区别

　　俗话说"麻雀虽小，五脏俱全"。一个四五十人的班集体，就好比一个小社会的缩影。班级中有自己的管理部门，上到校级大队部的大队委，下至班级中老师的左右手正副班长，其次是各个班级委员，小组长等，形成班级井然有序的管理体系。学生与老师之间的感情纽带，学生与学生之间的和睦相处，小班干部的民主选拔，遵章守纪的良好风气等，无不显示班集体的精神面貌。大雁高飞头雁领，好的班集体，必然有一个良好的规章制度。班主任结合学校的各项规章制度，制定形成自己班级的制度化管理称为班级制度。班级规章制度的制定是为了使全班同学形成良好的学习、生活习惯，提高学习、生活的自觉性，自觉遵守班级纪律，积极参加班级各类文体活动，为班级争荣誉，以期通过全班同学共同努力，塑造优良的班级风貌。

过去传统的班级制度通常由班主任老师制定，学生按照老师的要求去服从，处于一种被动的管理状态。常见的班级制度中，常出现这样的字眼"不许怎么怎么样"、"必须怎么怎么样""不得不怎么怎么样"，如在制定有关学生纪律方面，以往的制度往往写成这样："所有同学必须按照学校的规定，在规定时间内准时进班参加早自习，不得迟到"；"上课铃响后，全体同学要立即进入班级，做到'快、静、齐'，做好上课前的准备"；"课上不得交头接耳讲话，不得看课外书，不得睡觉及其他与学习不相关的事情"……这样的制度制定，具有从上而下的威慑力，是一种过于强硬的刚性制度。容易让人联想到制度森严的古老学堂和死板着面孔不见一点笑容的老学究。越是强硬的制度越容易有叛逆产生。随着独生子女时代的来临，学生要求被尊重的愿望越来越强烈，班级制度也悄悄发生着变化，更追求一种人性化的管理，让学生在遵守学校纪律和班级规定的同时，也感受到家庭式的温情。明白班级制度制定的目的，"没有规矩，不成方圆"，遵守制度是班级管理实现规范化的基础和前提。在制度面前，人人平等，老师理解呵护学生的心灵，让班级制度更具有弹性和变通，多一点"柔性管理"，少一点"强制服从"。在彼此尊重理解的基础上，形成刚柔并济的班级管理模式。

二、班级约定的内容

班级工作千头万绪，繁杂琐碎。如果都由班主任一人兼顾，恐怕老师就是有三头六臂，也要忙得团团转。班级制度化管理主要是精细化管理，即班级人人会管理，处处有管理，人人有事做，事事有人管。聪明的班主任就是通过落实管理责任，变一人操心为大家操心。

（一）建立健全的小班干部队伍

小班干部是老师的得力小助手，是老师的勤务兵，也是老师的小耳朵。班级的一切分工老师都要具体落实到每一个人，形成管理模式。不仅仅有口头的安排，还要把每项工作的具体分工制定成表格，形成书面材料，张贴在班级文化墙内。每个小干部，甚至一个小小的组长，每天负责的班级事务，都是不容忽视的。这些班干部成员，好比班集体中的一颗颗螺丝钉，个头小，作用大。无论学校每天有多少评比的相关事项，老师只需要听一听班级各个管理部门的反馈，看一看学校每天对各个班级的检查下发的日清表，就全面了解了每天班级管理体制的运作情况。哪个环节出现问题，老师直接找相关责任人追究责任，查找原因。

这些班干部成员，在低年级的时候，老师可以根据自己平时的观察，任用踏实肯干的同学尝试班干部职务，也可以从鼓励学生自信心或激发学习热情的角度，由老师来任命班干部。指导他们如何做好本职工作。在给老师做帮手，为同学服务的同时，也在锻炼他们的工作能力，学习如何融洽与同学的关系。班主任老师尽可能让更多的同学尝试体会做小班干部职务的机会。到了中年段的时候，老师在适当时机尝试民主选举，仍然要照顾到选举同学的积极性。选举要求民主、公平、公开，对没有竞争上相关岗位的同学，老师避免其灰心丧气，还要征求他的意见，是否愿意做另一项老师调整的工作，使得敢于参与竞争的同学都各得其所，减轻落选对他们的刺激和打击。老师不要吝啬小班干部的下设，要充分满足小学生渴望"过官瘾"的欲望，并将这种欲望转化为他们积极上进的动力。高年段班干部选举则由学生提名和毛遂自荐的方式，公开投票选举产生，一个学期轮岗一次。

在班干部选举之前，老师要提前打好招呼，让参加竞选的同学事先准备好演讲稿，利用班会时间或适当时机进行，建议竞选的学生脱稿演讲。对学生而言，这绝对是一个极佳的锻炼机会。这种紧张和心潮澎湃的滋味，可能是学生一生中能够留下深刻印象的镜头之一。还记得我以前带过的学生中，有一个叫王瀚霄的同学。他长得又瘦又小，五年级了，却只有一米三几的个头，似乎一阵风就可以伴他吹倒。学生竞选时，我注意到他几次跃跃欲试，可又犹豫不决，小屁股在凳子上起起落落，坐立不是。终于他鼓起勇气走到讲台前，同学们发出惊呼，谁也没想到他会竞选班干部。继而给他以热烈的掌声。在同学的鼓励声中，他涨红着开口了，声音打着哆嗦，腿在微微发抖，这种紧张隔着孩子的外裤，让我敏感地捕捉到了。这么多年过去了，我仍对当时的情景记忆犹新。王瀚霄竞选的职务是小小的组长，他仅仅结结巴巴说了三句话："我想竞选小组长职务，希望大家支持我，谢谢……"然后一溜烟跑回到了自己的座位，脸红的像一块大红布。同学对他这种勇敢的表现报以热烈的掌声。

班委会的部门分工很多。有班长职务：老师根据其综合能力的强弱定编正副职人员；学习委员，可设周次学习委员，轮流帮助老师管理班级一切学习，打破传统的学习委员一人终身制。将学习成绩作为首要前提条件，与鼓励学习积极性融合在一起，凡是学习态度端正，有胆量挑战学习委员职务的同学均可参与选举。对学习成绩中等的学习委员，老师给出一段勤奋努力的时间，努力将自己的学习成绩提升到班级中上游甚至上游水平。体育委员是仅次于班长角色的重要职务。需要不仅嗓门响亮，做事还要利落果断的男生同学担任。文娱委员要求嗓音好，举止落落大方的同学；宣传委员选择美术好，有创造力的同学担任；劳动委员需要责任心强，乐意为同学服务的同学；卫生委员负责班级的卫生管理，诸如物品摆放，桌堂卫生，餐具管理等；还有各科课代表，小组组长，每天的值日班长等。老师还可以根据班级情况，创造性的设立班干部岗位。如：虽然每学期班级活动费用很少，老师仍可以找一位同学专门负责帮老师管理这部分费用，老师可以送给他一个非常荣耀的头衔——"财政部长"，班级的一切扫除工具及其他费用，均由他说了算并负责定期采买。

（二）制定人文的班级管理公约

无论什么样的班级约定，其目的都是一样的：班主任结合班级实际情况，和班级学生一起制定出日常条例，使班级形成规范合理的管理模式，学生在班级制度的制约与影响下，养成学校和老师预期的教育效果。每一条班级约定紧紧联系学生的日常生活，约定细致入微，争取做到面面俱到，避免粗枝大叶式的条条框框。充分尊重学生的人格，重在与学生交流思想。将班级的各项日常管理环节融到班级约定中，并且每位同学参与管理当中来，使班级约定真正落到实处，体现其实施的价值。例如：我在自己班级内，就制定出如下规定：

班级公约

1.每天清晨争取7：30到校，在当日的学委和自习班长的带领下进行晨读；值日生同学请提前10分到校进行卫生清扫，尽量做到速度快，清扫彻底，不耽误自习时间。

2.提前做好课前准备工作，课上认真听讲，学会倾听，积极思考，不要打断老师和同学的发言随意插话，学会尊重同学和老师。

3.上课请不要吃零食，尤其是不要嚼泡泡糖，明白这样是不尊重老师的行为，努力控制自己不和同学说小话，不打扰其他同学。

4.学会自己上自习，保持教室内的安静。如果有必须与同学交流的问题，尽量压低声音，做到两个人听到或明白就可以，不要随意下地走动。有特殊情况如果老师不在，向班长请示。

5.自觉抵制不文明语言，遇到同学说脏话的行为要主动上前提醒纠正。

6.课间在走廊内不要跑跳，避免大声喧哗。在走廊行走自觉成一队。遇到老师主动给老师让路，不冲撞老师，学做"淑女"、"绅士"。

7.请同学们每天按时做完作业，努力做到书写工整，不抄袭作业，并按时上交科代表。争取做到"今日事，今日毕"。自觉养成珍惜时间的学习习惯。

9.间操时间主动整理桌堂卫生，做到桌堂内无杂物，物品摆放同桌两人各分放左右。认真做好"两操"，保持桌面摆放整洁，统一有序。对个人卫生不合格的同学，由值日班长将该同学的名字写到黑板上提醒注意，再遇警告，将在卫生评比栏内对其扣分。

10.下午放学时提前10分钟做好自检，保持肃静后列队出教室，下楼时脚步放轻，不在队伍里说笑。

11. 班级座位每两周调换一次，根据个人特殊情况，老师可作适当调整。

12.每位同学积极配合相关职务部门的调配，不要以个人意识为中心。对不服从调配的同学反映给班主任老师，老师对其进行批评教育。

13.班长和大队委同学合理运用班会，对班级一周的工作进行总结，并做好记录。

14.若因个人过失有造成班级扣分的，取消本周内得自主管理星星卡的资格，并在班务分工中做出劳动补偿。

15.每学期期初进行班干部轮换制度，经同学推荐或个人申请，经民主选票产生。

班级管理工作不是靠一纸班级公约就可以把班级工作做好的，还需要具体的实施，让每个相关的责任人都行动起来，使班级公约真正发挥作用。比如我要求学生每天7:30到校进行晨读，作为班主任我常常7:20分左右就到班级了。每天主持自习的学委和班长一看老师比自己到得还早，内心常常是不甘落后的。有时如果哪天相关的学委迟到了，那时班级已是书声琅琅，他会很不好意思，同学也会嘲笑他的。时间久了，还可能导致下一学期的班干部竞选的失败。有时间操跑步时，有个别男生懒惰不想跑步，猫在哪个楼角或厕所不出来。体委清点人数后及时向老师汇报。等同学都会到班级后，班主任老师一定要在第一时间内对此事作出处理，当众批评这样的同学，才会起到警示的作用。班级公约既约束着同学的学习，又促进着他们的学习。充分发挥班干部的力量，让学生自我管理，使班级公约中的行为演化成一种习惯。

班级公约体现出班级管理的"柔性"和"刚性"的结合，老师在检查班级公约的实施中严爱有加，既是慈母，又是严师。在学生失意伤心的时候，及时给予呵护和鼓励；在其心浮气躁时，及时打压疏导，做好班干部和同学之间的润滑剂，拉近了学生和班级公约的距离，使班级同学和班干部之间少一些摩擦，多一些支持,班级同学团结友爱蔚然成风。

第三节　班级文化特色是班级的名片

在学校中,每一个班级都有其与众不同的文化建设。之所以老师们一提起哪个班级,就立刻联想到这个班级是学校中某一方面做的最出色的,那是因为这个班级文化建设有侧重点,并且长期坚持,形成期班级固有的文化风景线的缘故。可以说,这种长期形成的文化特色,就是这个班级的一个名片。我们常说:"做好一件简单的事就是不简单。"如果我们班主任能够长期坚持做一件简单的事,就会创造出不平凡。班级文化特色的往往就诞生在这种简单的坚持中。

一、什么是班级文化特色?

提起特色,我们会联想到"特色小吃"、"特色城市"、"特色学校"、"特色社会主义"等,凡是与众不同的,我们都可以称之为特色。"特色"在词典中是这样解释:"事物所表现的独特的色彩,风格等";具体说,特色指是一个事物或一种事物显著区别于其他事物的风格、形式,是由事物赖以产生和发展的特定的具体的环境因素所决定的,是其所属事物独有的。那么班级文化特色,是属于班级所独有的。通常是班主任内在的教育理念和文化内涵的体现和延伸。

二、选择适合的班级文化特色

可能提到创建特色班级文化,会使很多老师抓狂,认为自己不会画画,不会唱歌,不会很多很多,我怎么领着学生去建设特色呢? 其实,是老师把这个问题想复杂了。形成班级文化特色,并不是非要老师会什么特长,当然了,如果哪个班主任有一技之长,并结合自身优势发展班级文化特色,岂不更好?学生会更加受益的。少有特长的老师也不要着急,只要根据班级学生的喜好特点,协助科任老师的引领做好督促工作就可以了。

(一) 让书香熏陶孩子的心灵

林海音在《窃读记》这样写道——她的国文老师这样鼓励她:"你们是吃饭长大的,也是读书长大的。"书是人类进步的阶梯,充实我们的头脑,滋润我们的人生,智慧我们的头脑。学生成长离不开读书。

例如,如果班级学生爱读书,老师就可以选择四大名著之一,敦促鼓励孩子去读,将一部名著读懂、读透,对其中的章节信手拈来,开设班级书场,将这一读书活动坚持几个学期,达到班级每位学生都能如数家珍地讲名著中的故事,这就是班级的特色。不过重要的是,班主任不要心血来潮,三天打鱼两天晒网,长期坚持是打造班级特色的重要途径。有句话不是说吗:"十年磨一剑。"如果读书从低年级开始,按照梯级逐次提升:一二年级读《西游记》,三四年级读《水浒传》,五年级读《三国演义》,六年级接触《红楼梦》,这个读书工程还小嘛?天天读,天天交流,月月老师都设计不同的读书活动,到小学毕业,作为班主任,你给学生创造的将是一大比巨大的财富,学生会受益终身的。班主任结合学生的读书活动,注意为学生留下读书的痕迹,如读书小报、读书卡、读书日记等。也有的班主任老师只抓住《三国演义》这一本名著深入研读,在班级形成"说三国,品三国"的特色。"一壶浊酒喜相逢,古今多少事,都付笑谈中",学生尤其是男生,是非常喜欢三国演义中的英雄气概,叱咤疆场的镜头描写。书中不仅再现了各路英雄的潇洒,也蕴含着许多做人的是非观念在里面,那么多的文学常识,岂是一学期就能品透的吗?仅仅学生熟练背诵三国演义中的章回,就是一件令学校老师刮目相看的事情。每个章回的标题,都是那么精彩耐读,令人回味。如描写诸葛亮的

"第四十三回 诸葛亮舌战群儒 鲁子敬力排众议 ""第九十回 驱巨兽六破蛮兵 烧藤甲七擒孟获";描写刘备的"第一回 宴桃源豪杰三结义 斩黄巾英雄首立功""二十一回 曹操煮酒论英雄 关公赚城斩车胄";描写关羽的"第二十七回 美髯公千里走单骑 汉寿侯五关斩六将"" 第六十六回 关云长单刀赴会 伏皇后为国捐生"等,学生不仅在标题中感受到故事要领,还感受到中国文字的无穷魅力。

(二)让音乐陶冶学生的心灵

海顿说:"艺术的真正意义在于使人幸福,使人得到鼓舞和力量。"而音乐作为艺术必不可少的一部分,音乐作为一种情感艺术,最易使学生在情感上产生共鸣,利用音乐的艺术美对学生进行审美教育有助于陶冶学生情操,塑造学生美好的心灵。是我们生活和心情的调节剂,也是我们心灵的彼岸、精神的家园。庄重肃穆的音乐使人沉稳如山,轻快活泼的音乐使人飘忽如云,舒缓悠扬的音乐使人心静如水。

上课预铃响过之后,课前歌声作为安定学生课间十分钟带来的心灵的喧闹,是最好的过渡剂。一位班主任,如果能把课前歌声作为一个班级特色去培养,定是一个很不费气力的特色指定。唱歌是学生与生俱来喜欢做的事,放开心灵去歌唱,对唱者和听者都是一种享受。每位科任老师在课前听一听学生悦耳的歌声,就会有一个好心情。带着好心情上课,课堂效果能不会好吗?建立这一特色,需要班主任老师和音乐老师的配合。利用音乐课,学生学习歌唱技巧,掌握多首歌曲,避免学生经常唱一些相同的歌曲会产生腻烦的心态。有条件的学校可以为学生专门灌制课前歌声磁带,或者在电脑中备份课前歌声的声乐材料。有了音乐伴奏,课前歌声会更有声韵魅力。这是每个班级都很容易做到的班级特色,也是学校课前的一道美丽风景。课前歌声唱响班级,唱响校园,唱出班级特色品牌。

器乐演奏作为一门课程，也逐渐走进学生课堂。如学校中开设巴乌课程、笛子演奏课程等，也是可以作为班级特色来经营。班主任老师经常安排一些演奏比赛，来提高学生对器乐演奏的兴趣。虽然每学期器乐课可能学不了几个曲子，但即便是几个曲子，学生如果能够演奏的精彩，那就是特色！作为班主任，心中要有这样的信念：把一件简单的事做好，就是不简单。把几首简单的乐曲演奏出花样来，那就是不简单，那就是自己班级现成的特色。此外，现在每位家长都特别注重孩子的素质教育，不少孩子从小就开始学钢琴、学二胡、学萨克斯等，每个班级中还会有许多喜欢不同种器乐的孩子，这些孩子就能组成班级中的小乐队。老师们还会为自己班级建立什么样的班级特色犯愁吗？班主任要有一双发现的眼睛，每个孩子都是天才，这些天才会成就班级独有的特色。

(三) 让美术幻彩学生的天空

美术与音乐是姊妹，同属美育文化。孩子天生就喜欢画画。哪怕最拙笨的孩子，给他一支画笔，他也能创造出最美丽的图画。所以无论是简笔画还是蜡笔画，都是班主任可选择的班级特色主题。这一项特色实施起来是最容易的，学生带着一种兴奋和兴趣去创作，容易收获，容易积累。班主任做一个有心人，把学生每一期的绘画创作作品收集起来，定期举办班级绘画展览，既营建了班级的文化长廊，也为学生开辟自我展示的平台，从而面向学校推出班级的特色，打出班级特色名片。班主任还可以结合学校的每月活动主题，给学生创造题材，如：植树节推出"我为地球添绿色"的主题创作；端午节推出"小粽子，话民俗"的题材，"六一"儿童节推出"快乐六一，尽享阳光"的题材；还有走进秋天，走进冬天等等，老师把想象的空间大胆地交给学生，学生就会用手中的画笔为我们呈现一个炫彩的世界。聚沙成塔，老师需要不断的积累和丰富学生的作品，几个学期下来，你会惊喜的发现学生已经为你创造出不可忽视的班级特色材料。

剪纸艺术听起来好像很高深，但也是一项很容易实施的特色项目。班主任老师协同美术老师一起，利用美术课，就可以将剪纸艺术经营起来。对于学生的成功作品，需要及时塑封起来，易于保管。

十字绣、陶泥制作等等，也是班级中比较容易实现的特色，学生感兴趣的，就是最容易推广的。

丰富多彩的班级文化特色，充盈着学生紧张的学习生活，将动手和动脑相结合，融智育与美育于一体，教育相得益彰。

三、营建持久的班级文化特色

班级文化特色作为班级的名片打造出来，是需要时间的验证。首先班主任自己要有一种持之以恒的意识。打造班级特色不是为了追风，也不是为了应付学校对班级文化建设的要求，而是为自己作为一名班主任，无论带哪一届学生，都能够独有的一种班级特色。只要一提到你，同时就会想到你所带班级的文化；学生毕业了，只要想起你，就会回忆起当年你带领他们营建的一种可以作为一生的记忆。这才是班级文化特色的独到之处，也是班级文化特色打造的意义所在。有的老师将《弟子规》作为班级文化经营的特色，学生不仅会熟练背诵《弟子规》，老师还别有用意的利用每周得到的早餐时间，为学生进行《弟子规》的讲解，并配有生动精彩的音像，学生在不知不觉中受到了心灵的滋养，礼仪的熏陶。这样班级走出来的学生，少了一份的莽撞，多一份稳重；少一分戾气，多一份宽容。教导儿童，启蒙养正，像这样的班主任老师，做这样的班级文化特色，实在是一件非常伟大的工作。"凡是人，皆须爱"。学会爱父母，爱兄弟姐妹，爱老师同学，爱朋友……学生在学习《弟子规》中，学会感恩，懂得回报，明白人生最重要的事情莫过于孝敬父母，友爱兄弟。由爱而生敬，由敬而生礼，学会与周围的同学老师、家人朋友和谐友好相处。

还有的老师在低年级时，引领学生诵读大量的唐诗，有时还别出心裁的将唐诗编绘成歌谣。在班级特色汇报表演时，学生手拿响铃，唱和相辅，让人耳目一新；等到了中高年段，老师便引领学生诵读大量有名的宋词和名人诗词，形成班级独有的宋词手册。在学生诵读诗词的过程中，逐渐将诗词的不同流派一一传授下去，使学生受益匪浅。往往学生还在四五年级，就接触了苏轼的"大江东去，浪淘尽，千古风流人物"的豪迈；李清照的"帘卷西风，人比黄花瘦"的柔婉；李后主的"问君能有几多愁，恰似一江春水向东流"的无奈；柳永的"今宵酒醒何处？杨柳岸，晓风残月"的离愁……班级文化作为班级的一个名片，传承的不仅仅是一种特色，更是我们中华民族文化的灵魂。

手抄报是小学生中常见的一种汇报形式。学生在美术课上接触了PPT海报的设计，掌握了一定的绘画技能，有了自我的审美意识，在设计手抄报时会毫不费气力。有的老师将手抄报作为自己班级的特色，并且坚持十多年之久，学生创作设计的手抄报累计一百多期，这种不懈的坚持，成就了这位老师班级独有的特色。手抄报在创刊伊始，老师在学生中间征集手抄报的名头。最后由同学们一致推荐使用《春蕾报》的刊头名称，沿用至今。刊头字画由班主任设计，手抄报固定为A3大小的纸张，学生设计内容时，不会因为版面太大而产生负担。《春蕾报》每学期出几期，根据每月不同的文化主题，布置相应的手抄报内容。每一位学生都是天才，当老师放手让学生大胆进行创作时，你就会发现呈现在你面前的是更多的惊喜。学生在设计手抄报时，要为板块内容搜集相关资料。这就促使他们浏览了大量的课外读物，阅读到课本以外的许多知识，拓展了视野，丰富了自己的知识含量，一举多得。学校经常结合校文化月展览或要求上交一些学生作品，有许多班主任为此感到太繁琐，太头疼。如果班级中有自己定期制作的手抄报，学校的展览就是小事一桩。《春蕾报》的成长历经三届学生，《春蕾报》的名字也深深地刻进了每一位毕业生的心中。做教师很多年了，当学生离开母校的瞬间，我们老师曾在学生的心中留下了什么值得回忆的事情？曾留下哪些值得学生铭记一生的精神财富？或许，班级文化会为你诠释这一切。

文化塑造灵魂。城市文化成就一个城市的发展，企业文化塑造一个企业的灵魂。同样校园文化就是塑造有灵魂的教育。班级文化是校园文化的若干个分支，打造良好的班级文化氛围，才会使校园文化这棵大树枝繁叶茂。"身边无小事，处处皆教育。"每一个班集体就是一块试验田，为师者，想让这一块丰腴的土地长满稗草，还是结满果实？叶澜教授这样回答："要想让一片空地不长荒草，唯一的办法是给它种满庄稼。让我们齐心协力在孩子们空地上播撒善良、博爱、宽容的种子，那么，他们一定能结出累累硕果。"课堂内外皆教育。就让我们充满睿智的班主任，用心经营班级文化，塑造班级灵魂，为学生打造一个美好的精神家园吧！

班主任是班集体的组织者和教育者,是学生全面发展的指导者,是联系班级中各任课教师的纽带,是沟通学校与家庭、社会的桥梁,是学校领导实施教学、教育工作计划的得力助手和骨干力量。与其他教师相比,班主任的角色决定了班主任要与各种身份的人交往沟通,与家长沟通实现教育的共赢;与科任教师沟通使班级工作步调一致;与前任班主任沟通决定了班级管理的事半功倍;与领导沟通促进人际和谐,与关爱教育的人士沟通,实现教育资源的优势互补。积极有效的沟通对班主任工作有着重要的意义。

第一节　家庭教育指导从良好的沟通开始

一、开展家庭教育指导的重要性

父母是孩子的第一任老师,家庭教育对于一个人的成长有着很大的影响。对孩子良好品德形成、智力开发和身心健康有着正面的作用,也可能有相反后果的负面作用。当前很多家庭教育存在问题需要老师去指导,班主任作为一个班级的管理者,对于学生的健康成长有着义不容辞的责任。因此班主任除了做好学生的校内教育外,还要有针对性地做好家庭教育的指导工作。在教育改革日益深入的今天,班主任在学校对学生的日常管理教育的同时,必须与家长联系沟通,以新的教育理念去指导家庭教育,提高家长的家教水平,促使其配合学校的教育工作。

二、家庭教育的误区

1. "过度溺爱"

由于现在都是独生子女，一家两个大人四个老人围着一个孩子，视孩子为掌上明珠。孩子可以呼风唤雨，要什么有什么，甚至有些家长连穿衣、端水都代劳，一口一个"宝贝"、"心肝"，有时候孩子犯了错误家长也要包庇，和孩子站在一起，不配合老师和学校的教育。这种百般的娇宠、纵容、偏袒就会使孩子产生错觉，认为自己永远是对的。这样的孩子虽然表面上目中无人，我行我素，实则胆小怯懦，没有意志力和自立。

2. "过高期望"

历经十年的教育改革并没有真正改变应试教育的现状，而是愈演愈烈。在这种刺激下形成一种不正常的现象，家长们不仅热衷于给孩子择校，更热衷于给孩子报各种各样的辅导班。有些家长给孩子报辅导班根本不考虑孩子的兴趣、爱好以及智力发展水平，只是从众心理。认为别的孩子都学，自己的孩子不学就得落下。所以一个孩子除在学校学习外，周六周日的补习班就有三四个。原本是期望孩子高人一等，可这样的赶场使得孩子没有充分的休息时间，睡眠严重不足，在辅导班上课时也是昏昏欲睡，而且由于有些课外班的管理松散，课堂纪律散漫，一些孩子养成了诸如溜号、插话、抄袭等坏习惯。所以不仅孩子累家长累、成效低，而且浪费了时间、损害了健康。期望变成了失望。

3. "过多干涉"

中国式的家庭家长总是对孩子过多干涉。比如有好多家长要在孩子身边看着孩子学习，当孩子考出好成绩时，就高兴，当孩子考不好时，家长会把孩子狠狠地教训一顿；有的家长为了家庭的洁净，不愿让孩子带同学到家里来，孩子很孤独；

还有的家长认为对孩子应该严管严教，而不是采取民主式的科学管理方法。轻则讽刺谩骂，重则棍棒相加。这种方式对孩子行为过多的干涉，带来的不良后果是多方面的。家长不断施压、加码、看管，会使孩子变得孤僻、紧张、叛逆，甚至形成心理疾病。

4."过度放任"

改革开放不断深入，商品经济迅猛发展。人们的观念、心态，行为都发生了深刻的变化。表现之一：一些家长，忙于挣钱，对孩子的教育只限于"你要好好学习，认真完成作业"的口头禅上。管吃、管喝、管穿、管花，抱着一种"树大自然直"的传统观念，对孩子的学习，成长漠不关心，任其发展。表现之二：还有一些家长，正值不惑之年，想大展宏图，早出晚归，一天和孩子打不上一个照面，说不上一句话。当考试成绩一张贴，别人孩子高就，自己孩子名落孙山时，不得不感慨"这方面投资太少"。"子之堕，父之过"。真乃是顾了自己的事业，丢了孩子的学业。为人父母者，应在百忙之中抽出时间和子女交流感情，只有亲密和谐的家庭关系才能营造出一种积极健康的教育子女浓厚氛围，才能掌握子女的思想脉络，有针对性地做思想工作，克服不良思想倾向，增大健康意识，要有意识地开发子女思维的主动性，创造性。孩子遇到困难时要提供帮助，孩子取得成绩时要给予肯定，来达到成功、成才之目的。

5."过低素质"

在被调查的家长中，通过与他们的谈话反映出有一部分家长在素质方面欠缺。无论是自身的文化素质，还是修养都需要进一步的增强。比如，有一部分家长不能完成对子女的教学上的辅导，甚至一部分家长不能对自己的子女在思想上进行正确的引导，在"助人为乐，拾金不昧"等方面进行了错误的导向，使得这些未成年人在世界观形成时受到错误的影响，有时父母的一言一行，可能影响到子女的一生。

6. "过分攀比"

许多父母经常跟孩子说"你看人家谁谁谁",这是家庭教育的大忌,这会直接导致孩子自卑,内心空虚,亲子关系紧张,互为障碍。

以上种种原因,造成了教育的恶性循环。所以班主任要教育好学生,除在校教育外更要重视对学生家庭教育的指导和帮助,通过各种方式和途径,不间断地与家长交流和沟通思想,努力改变家长的教育观念,和家长共同商讨家庭教育的有效方法,促进孩子健康快乐的成长。

三、开展家庭教育指导的途径

了解了家庭教育中存在的问题,有助于提高班主任与家长沟通的针对性和实效性。与家长沟通的途径很多,每位班主任要针对不同的家长、不同的问题选择恰当的途径,以下简介几种较常用的与家长沟通的途径。

1. 开好家长会,做好面向全体家长的沟通。

家长会每学期只有一至两次。由于家长工作忙,很多家长平时很难有时间和老师经常沟通。家长的文化程度、教育观念和意识、教育方法也各不相同,为提高家长的家庭教育能力,达到家庭教育和学校教育的步调一致,教师要重视每次家长会,充分利用家长会对全体家长进行家庭教育指导。可以开设讲座,每次一个主题,如:《如何提高小学生的学习力》、《如何帮孩子养成好习惯》、《如何对待叛逆期的孩子们》等,这些讲座的内容紧紧联系了现实,富有实用性和指导性,达到了事半功倍的效果。再如用PPT展示学生一学期的成长,一定要在家长面前展示到每一个孩子,留下孩子最美好的瞬间,让家长感受到孩子的成长和进步,感受到老师对自己孩子的关注,使家长对学校或老师的工作产生信任。同时还要利用好家长这一教育资源，请在行为习惯养成、学习指导、个性培养等方面有建树的家长结合自己的家教经验谈谈自己教育孩子的经历，往往比老师的一言堂更有说服力。班主任要做有心人，根据班级学生的共性问题，有计划、有目的地邀请一些家长利用家长会和大家交流，介绍经验。笔者的班级，不少家长都反映一到假期，孩子的生活习惯就被打乱，孩子们常过得散漫、无聊，让人觉得假期时间被白白浪费了，开学后"收心"也成了难题。有一位家长利用四年级的暑假给孩子开了一个假期报告会。首先她和孩子共同策划设计报告会的内容，从英语学习、习作收获、才艺汇报、家务实践、运动健康几个方面向参与者汇报一个假期的收获；帮助孩子做好报告会的准备；并和孩子一起邀请老师和亲属参加。因为有了这个活动，孩子一假期目的明确，日程紧凑，这样的假期生活让孩子收益丰厚。在参加了这个学生的假期报告会后，我觉得这是帮助学生过好假期的好办法，于是马上和这位家长沟通，请她在家长会上谈谈整个活动的意图、过程和效果，并在家长会上播放了这位学生假期报告会的视频片段，在班里引起了很强烈的反响，在以后的假期里不少家庭都尝试召开了学生假期报告会。这样的指导使家长真正有收获，当然会受到家长的欢迎。

2. 开展家访谈话，做好面向个体家长的沟通。

家访是班主任最常用的和个体学生家长沟通的方式。现代社会生活节奏快，工作压力大，班主任逐一家访不容易做到，班主任要有选择、有重点的进行家访，通过家访使家长和学生感受到老师的关爱，尤其是找到一些问题学生问题产生的家庭背景，以便班主任老师能对症下药，提高教育实效。家访绝不是走马观花的走秀，形式上的嘘寒问暖。要想使家访有实效，真正能解决孩子成长中的问题，帮助孩子健康成长，班主任每次家访前要与家长事先约定，不做"不速之客"，以免使家长因老师的突然来访而感到不自在。家访谈话要有方向、有目的，讲究艺术。

教师在家长心中应该是文化和智慧的象征，教师本身具有的温文尔雅的气质是职业的特质，即使再熟悉的家长，在讲话时也应有一定的分寸，切不可漫无边际地闲聊。否则，既浪费了自己的时间，也耗费了家长的热情，使家长对老师的谈话失去兴趣。在反映学生在学校的学习、行为表现情况时，不要一味地告状、批评学生的种种不良行为或只提优点，说好的方方面面。应该以表扬为主，从赞扬的角度切入话题，对学生的缺点借桃喻李委婉地指出，通过表扬别的学生在某个方面的优点来提醒家长，让家长明白自己的孩子在这方面的不足，知道今后该朝那个方向努力。这样，不仅在家长面前给学生留了脸面，拉近了师生距离，也使谈话气氛活跃，场面融洽和谐。

3. 通过书面联系与家长沟通。

用信函方式与学生家长及时沟通信息虽然非常费事，但也有其独特的适用性，写信适用于两种情况：一是学生家长个性固执或性情暴躁，与其交谈，难以形成共识，容易引起副作用，而用联系信指出问题，分析原因，提示方法，容易被学生家长接受，并触发一些冷静思考，从而改进教育孩子的方法。二是遇到不宜面谈的问题。如学生有小偷小摸、早恋等行为，向家长面对面挑明，一则家长脸上无光、很尴尬，再则容易导致家长的过激行为，如打孩子。而通过家长联系信，可以含蓄地指出学生在校内外的有关表现，分析问题的严重性，引起家长的警觉和重视。

4. 利用网络指导家庭教育。

随着信息技术的发展，网络为班主任提供了与家长沟通更快捷的平台。建立班级QQ群、班级博客，及时就学生的行为习惯养成、学业、活动等情况与家长沟通是指导家庭教育的新途径。例如：笔者经常在博客上上传孩子们的文章，自己也经常写点教育随笔，有时在网络上下载一些家庭教育类的文章或案例上传到博客和群共享中。家长们经常到博客里做客、学习，同时了解自己孩子的状况。家长们当中也有很多教育孩子的高手，他们的经验更有操作性，家长和家长之间的交流更能引起共鸣，在班级QQ群中，他们不仅交流教育孩子的苦恼，还共同商讨教育孩子的办法，针对孩子表现出来的共性问题大家集思广益，这些平台不仅为老师与家长沟通提供空间，还为家长与家长间沟通了解提供了更便捷的条件。

5、家校联系小报等其他沟通方式

传统的面访、电访和信访仍然有它独特的魅力，家访面对面交流更亲切、交谈更透彻，有一种情感的融汇和共鸣。它是现代家校沟通所不能取代的。我们也可以在这些传统的家校沟通方式原有的基础上进行创新。如：定期给每位学生家长寄信、家校联系卡、家校联系单、家校联系册等，也可以将学生们每月的情况表现以一种轻松、活泼的形式记载下来，还可适当地把学校的要求一一呈现出来，让老师走近家长，让家长了解学校，家校之间通过这种有趣的方式进行交流与沟通，这种方式的主要内容包括：学校教育要点、家庭教育意见、家庭教育效果、存在问题及原因分析、学生在校情况、学校近期活动、班级情况等。通过它可以使学校与家庭之间了解对方的教育行为，能够有效地发挥双方的教育合力，既增学校教育的透明度，也丰富有了家庭教育的思路。下面是一位教师的家校联系小报，这种独创的方法为加强家校之间联系，指导家长进行科学有效的家庭教育起到了很好的作用。

我的家校联系小报

麦慧

我萌生了一个大胆的构想：办一份独具特色的家校联系小报，将学生们每月的情况表现以一种轻松、活泼的形式记载下来，还可适当地把学校的要求一一呈现出来，让老师走近家长,让家长了解学校,家校之间通过这种有趣的方式进行交流与沟通,岂不两全其美?

主意一定,我立即开始构思、酝酿,并简单地着手准备。2000年3月1日,我终于推出了首次由班主任主编、排版、撰稿为一身的家校联系小报——《景行小学98—5班学生在校情况一览表》。(附后)当飘着油墨芳香的小报印刷出来后,我激动的心情难以言表,因为这份《一览表》中凝聚了我全部的爱与心血。

这份当时还尚属雏形的家校小报,我定在每月的1号定期出版(即3月1日出版,反映学生2月份的在校情况,以此类推。寒暑假暂停,其余时间均"风雨无阻"。内容包含这几个版块:1、《老师写给家长的话》(即向家长反映班级里的情况、学校的要求、老师需家长配合的方面等)2、《报喜》(即汇报集体的获奖情况,学习、纪律等各项活动中学生们突出的表现)3、《报忧》(将班上存在的一些不良现象提出来警示一下)4、《感谢尽职尽责的家长》。殊不知,咱们的家长也像孩童般天真,得到老师的表扬和夸奖也会兴奋好几天呢!尤其还上了班级家校小报,人人都瞅见,心里早乐开了花。于是,家长们个个都争当教育孩子的标兵,支持学校、老师工作的助手,那不正是让咱们的家校联系变得更默契吗?5、《表扬》这一版块的内容报道在学习中、活动中做得特别出色的孩子。 6、《批评》(这一版块其实是对极个别孩子的善意的提醒。为了照顾他们的自尊心,我只登了他们的号数,故意忽略了他们的名字。)7、最后这部分内容名为《本月重点》,即简单到将学生们本月侧重于哪方面的训练也一一告知,让孩子们看得明白,家长们也能了然于心。

6. 电话交流。

班主任在进行电话交流时,要竭尽全力地通过电话给家长留下好印象,树立教师良好的形象。运用电话进行交流时,时间不宜过长。如果准备商谈的事情很多,事先应如实地告诉对方一声,看对方是否有充裕的时间进行交谈。尊重家长以及尊重家长的时间,才能更好地博得家长的好感。在通话中,由于信号不好或其他原因,电话常常会被切断。班主任应主动地立即回拨。这样,表现出积极交往的态度,才能更容易获得家长的信赖。

班: 您好, 请问是**同学的家长吗?

家: 是的.

班: 家长您好! 这里是**学校, 我是**同学的班主任。

家: 哦, 老师您好。

班: 您好, 您的孩子在我们学校学习已经有(一周、两周、**)了。现在向您介绍一下孩子在这里的学习情况。方便吗?

家: 方便, 您说。

7. 作业本交流

班主任要求学生的作业都要与家长见面, 并让家长签字, 这样一来学生的在校的学习情况就会阶段性地让家长知晓, 这样做也是非常有效的沟通方式。

教育是艺术, 班主任与家长的沟通也需要艺术。只有艺术的沟通才能更好地发挥家庭教育的优势, 孩子才能在良好的环境下健康成长。

四、开展家庭教育指导的原则

共赢是目的。所谓共赢是指家长提高家庭教育的质量, 老师提高学校教育的质量, 真正的"赢家"是学生——获得健康的成长。

了解是前提。班主任要有的放矢的进行家庭教育指导, 就要了解学生, 了解学生的家庭, 了解家长的真实需求、真实困惑, 帮助家长走出家庭教育误区, 树立正确的教育思想, 科学地教育子女。

平等是保障。老师不能居高临下, 而是以一个平等的合作者的角度指导家长做好家庭教育指导。要给家长说话的机会, 要善于倾听, 不搞一言堂, 不勉强家长接受个人的观点。教师与家长沟通时多使用文明用语, 往往能收到事半功倍的效果, 有利于拉近教师与家长的距离。目的都是让家长感到来自教师的尊重, 建立一种平等的育人关系。

常用的文明用语有 /

面向全体家长推荐用语

1.您的孩子最近表现很好，如果在以下几个方面改进一下，孩子的进步会更大。

2.您有什么事情需要老师做吗？

3.您有特别需要我们帮助的事情吗？

4.这孩子太可爱了，老师和小朋友都很喜欢他，继续加油。

5.谢谢您的理解，这是我们应该做的。

6.您的孩子最近经常迟到，我担心他会错过许多好的活动，我们一起来帮他好吗？

7.您的孩子最近没有来学校，老师和同学都很想他，真希望早点见到他。

8.请相信孩子的能力，他会做好的。

9.近期我们要举行XX活动，相信有您的参与支持，会使活动更精彩。

10.我们向您推荐好的育儿知识读物，您一定有收获的，孩子也会受益。

面向个体家长推荐用语 /

1.请家长不要着急，孩子偶尔犯错是难免的，我们一起来慢慢引导他。

2.谢谢您的提醒！我查查看，了解清楚了再给您答复好吧。

3.您有什么想法，我们可以坐下来谈谈，都是为了孩子好。

4.孩子之间的问题可以让他们自己来解决，放心吧，他们会成为好朋友的。

5.很抱歉，孩子受伤了，老师也很心疼，以后我会更关注他。

6.这件事是XX负责，我可以帮您联系一下。

7.我们非常欣赏您这样直言不讳的家长，您的建议我们会考虑的。

8.您有这样的心情我很理解，等我们冷静下来再谈好吗?

9.太对不起了，孩子下课和同学玩的时候，没注意受伤了，我已经给他处理过了，我也特别心疼，以后我会更加关注他。

著名教育家苏霍姆林斯基曾这样说到："教育的效果取决于学校家庭的一致性，如果没有这种一致性，学校的教学、教育就会像纸做的房子一样倒塌下来。"由此可见：家校联系在教育教学中的重要性可见一斑。而我们每个人都知道，要教育好孩子，单靠老师或者是家长是不行的，因为任何一方对孩子的了解都不够全面。而通过家校的沟通，使得学校和家庭能更全面了解孩子，这样有利于孩子的发展。

第二节　与科任教师的沟通从尊重起步

在学校教育中，直接面对学生的教师身份有两种—班主任与科任教师。班主任是一个班级的管理者，要建构和谐、优秀的班集体，不仅是班主任的职责更需要各科老师的共同努力。班主任作为班级直接的组织者必须要加强与科任老师沟通，最终形成教育合力。

一、班主任与科任教师沟通的意义

在教育教学实践中，班主任只依靠个人的力量来完成对学生的全部教育是不可能的。科任老师各有所长，有着各自的人生观和做人的原则，有着各自的教学风格和文化特色。班主任作为班级的直接组织者，应该经常和科任教师沟通，协调好科任老师与学生之间的关系。引导学生向各科任老师学习。作为同事大家应该心往一处想，劲往一处使，这样才能形成合力，正常开展各项班务工作。如果班主任与科任老师之间缺乏沟通，就会存在隔阂，甚至产生排斥心理。因此，班主任要与科任老师经常保持联系，营造一种心心相印的氛围，使彼此信任，彼此理解，彼此互助，这样才能在一种轻松愉悦的氛围中工作，才能有一份快乐的心情，营造一个和谐的工作环境。

二、班主任与科任老师要在哪些方面经常沟通

1. 和科任教师沟通学生的自然情况。

班主任天天和学生在一起，对学生比较了解，如学习、生活、性格、家庭都能做到心中有数。而科任老师因为与学生接触少，一般不了解学生，甚至连名字都叫不上来。因此，要取得科任老师的配合，班主任就要尽量和科任教师沟通学生的自然情况，帮助科任老师了解学生，创造条件让科任老师接触班级事务，接触学生。班主任尤其应向科任老师说明班级某些特殊学生的情况，如单亲家庭的学生、性格怪异的学生、潜力较大的学生等。这样能使科任教师因材施教，也能减少科任教师对学生的矛盾。

2. 和科任老师沟通班级管理的设想。

每个教师的方式、对学生的要求都是不一样的，要想达到"步调一致"，班主任应该主动和科任教师沟通班级的一些要求，如班级学生如何开展评比的，班级本学期的设想和目标是什么，某一段时间对学生行为习惯和学习习惯有哪些要求，这个月班级的训练重点是什么等，这样有利于科任老师有清晰的思路配合班级管理，同时让科任老师感受到班主任对她的信任，促使他更有热情参与配合班级管理，最终实现学生在各方面有所成长和进步的目标。

3、慎重沟通学生及家长对科任老师的意见。

任何人都不是十全十美的，每位老师的教育教学工作各有所长，也有不足之处。有时候工作方法或教学能力不能得到家长的认可。尤其是家长很少主动与科任教师沟通，更没有把科任教师放在很重要的位置。有时对科任教师有意见或者和科任教师之间因孩子的事发生了矛盾，家长都会及时而又毫无保留地反映到班主任老师处。作为班主任，如果不及时转达学生或家长的意见，不仅存在的问题得不到迅速解决，也不利于科任老师改进教学方法提高教学水平。但如果转达时的场合不恰当，言语不委婉，不仅达不到预期的目的，还会影响科任老师的工作情绪，影响师生关系。班主任应选择合适的场合，采用恰当的方式将学生的信息反馈给科任老师。

4、和科任老师沟通班级存在的问题。

科任教师通常都是一个人教几个班级。他最能真实客观的观察到每一个班级的学生风貌、班级的纪律等存在的问题。班主任应该及时主动真诚地和科任老师沟通班级存在的不良问题，让科任老师做到知无不言、言无不尽。这样自己才能真正了解的实际情况，同时要征求科任老师的建议，并尽可能采纳实施，使科任老师感到他们的意见能受到尊重。如某些科目的课堂纪律差，班主任要及时向科任老师了解具体情况，发现问题，及时处理；班级要进行的重大活动或重大决定也都应该事先听取科任老师的意见，如评选"三好学生"，"优秀学生干部"，期末学生鉴定等工作都可征求科任老师的意见。班主任还可根据班级情况给科任老师安排适当的任务。如有时班主任感觉很棘手的问题请科任老师出面反而更见效，有些学困生和心理不健全的学生分给科任老师教育，既能减轻班主任工作的负担，又能提高科任老师参与班级管理的热情，同时也能增进师生之间的感情。

三、班主任要利用多种渠道和机会与科任教师沟通

1. 请科任教师协助一起确定班干部。

学生干部是班主任管理班级的得力助手，这些学生不仅要做好自己班级的管理工作，还要经常和科任教师沟通。班主任由于只教一个学科，对学生的了解未必全面，况且有些学生在班主任面前和在科任教师面前的表现不一致，所以确定班干部人选是班主任最重要的一项班务工作。任课教师可以在班主任看不到的视线里发现一些优秀学生，也可以观察到班主任心目中"好孩子"的真实表现，这样对某一个学生的评价更客观更全面。同时使科任教师感受到班主任对自己的尊重。比如笔者的班级每学期进行班干部竞选时，从竞选演讲环节开始到最后正式确定都让科任教师参加。科任教师们既作评委又可以你一言、我一语地发表见解，把平时在科任教师课堂中有能力有特长的学生发现出来。这样做学生们对科任教师也十分重视，在学生心中会淡化主科副科的观念，对所有老师的一视同仁，更有利于班集体的和谐。这样评选出的班委会也最有战斗力和凝聚力。

2. 请科任教师协助一起制定班规。

"没有规矩，不成方圆。"赏罚严明的班级纪律是班级工作正常进行的保证。每一个任课教师都有自己的课堂纪律管理方法和奖惩措施。每一个科任教师虽不是班主任也有丰富的教育教学管理经验，尤其是科任教师，他们所教学的班级多，在不同的班级上课会感受到不同的班主任管理班级优秀方法，同时也能客观的看到一些方法的优势与不足。他们把这些方法积累起来是一笔巨大的财富。所以每次制订班规时，让任课教师建言献策，虚心听取他们的意见，再把他们的意见进行筛选、汇总，最终形成一套非常有特色的班规。更有利于班级管理。这样每名科任教师既是班规的制订者，也是班规的监督者和实施者，对于违反班规的

同学,科任教师就不用各自为政,完全可以根据班规的条款对学生进行统一的处罚和教育,也真正发挥了班规的重要作用。

3. 请科任教师一起参加班级活动。

每次班级组织的体育活动、文艺汇演、庆祝活动、联欢活动或开班会时,都应该邀请科任教师一起参加,尽可能多地创造教师与学生增进感情的机会。活动中,教师既活跃了身心,也消除了和学生之间的一些误解。逢年过节时,笔者的班级还会组织学生为各科任教师制作节日贺卡,赠送鲜花,这样教师和学生的情感越来越融洽,学生也越来越喜欢专科课。

4. 请科任教师一起制定帮扶计划。

每个班级,都会有一些"个别"学生。或学习特别吃力,成绩总在最后;或顽劣好动,严重影响班级纪律;或性格孤僻,与同学老师交往困难……如何转化这些学生是班主任很头痛的一件事。笔者的班级就有这样的学生。坚持"不抛弃,不放弃"是为师的原则,更是教师良好师德的体现。为了让这样的学生经过教育有所改变,让每一个这样的孩子在自己的原点都能向前迈出一大步,一个人的力量毕竟有限,所以笔者请科任教师协助共同教育。首先同科任教师一起分析他们的优点和缺点,找准他们的"病根",对于学习有困难的学生是智力水平差还是学习习惯差,对于纪律不好的学生是多动病因的表现还是没有养成习惯;对于性格孤僻的学生是家庭教育有问题还是个性所致,总之为每个这样的孩子找准病因,才能实现"对症下药"。然后和科任教师一起制订出切实可行的辅导措施,并给每一位科任教师安排一个帮扶对象,开展"一帮一大手拉小手"活动。在日常教学活动中,大家齐心协力,常抓不懈,及时沟通、汇总学生的进步情况,不断调整帮扶措施。这样每学期下来,学生都能取得明显的进步,同时也减轻了班主任的工作压力。可见,离开科任教师的共同努力,这一切都是难以实现的!

5. 请科任教师一起召开家长会。

大多数家长会，都是班主任一个人唱独角戏，费尽心机，精心准备发言材料。即使这样也未必能满足家长的需求。其实家长更希望在家长会上听到各科老师对孩子客观、全面的评价，更希望听到孩子还存在哪些不足，家长还应该在哪些方面配合哪些老师，让孩子更快的进步。科任教师平时很少与家长见面，偶尔沟通也是通过短信、电话等方式交流。有时还会碍于是科任教师的身份，认为不是班主任即便沟通家长也不会重视的心理，不与家长沟通。久而久之，家长和科任教师的关系就疏远了，更没有沟通的想法，孩子的情况也自然不了解。所以家长会上，班主任应该虚心、诚心请求任课教师一起参加。教师、家长敞开心扉，畅所欲言，相互交流，其乐融融，最终实现孩子的全面进步。

6. 和科任教师一起分享班级荣誉。

对于班级荣誉，班主任不应据为己有，而是记到相应科任教师的名下，同他们一起分享荣誉、分享快乐。例如某个学生在征文比赛中获奖，应第一时间把获奖消息告知语文科教师，某个学生数学奖赛获奖，应立刻发信息给数学老师，让数学老师来告诉学生，某个学生舞蹈、书法等获奖，就把奖状交给科任老师，让他们为学生颁发。这样科任老师不仅和班主任共同分享了学生获得成功的喜悦，也感受到班主任的热情和良苦用心，会真诚和全心全意地为班级发展服务。

班级建设和班级管理工作需要班主任善于和科任教师沟通。中国移动的一则广告语——"沟通，从心开始"给了我们很好的启发。班主任与科任教师多些有效沟通，无论对班级管理还是学生的成长都多有裨益。

第三节 与前任班主任的沟通决定了"事半功倍" 还是"事倍功半"

作为班主任我们经常会遇到中途接班的情况。中途接班与接手新班级相比，情况要复杂得多，也要难处理得多。接班班主任一方面必须保持班级稳定，另一方面又要贯彻自己的想法，实施自己的班级管理特色。要想达到"事半功倍"的效果接班班主任就应该与前任班主任进行有效的沟通。

一、与前任班主任沟通的重要性

一个班集体建立后在班主任的管理下，班级学生已经相处了一段时间，班级已经形成了一定的班风，同学之间有了相对稳定的感情基础。中途接班的班主任主动和前任班主任进行沟通，可以尽快了解班级各方面的实际情况，既能传承前任班主任工作中的优秀做法，保持原有的班级特色，又能找到自己工作的最佳切入点，实施自己的管理理念和特色，使学生既不排斥自己，又能使自己的工作得到更多同学的接受和认可。比如：班级学生的整体学习水平如何，学生中的活跃分子有哪些，哪些学生是需要给予更多关注的，哪些学生是单亲家庭的等等。像这些都是班主任日常工作中必须要了解的情况，如果不沟通可能需要花费很长时间才能了解到，通过沟通了解后就可以有针对性的制定新的班级计划，有的放矢的开展班级工作，节省了很多时间，达到了"事半功倍"的效果。

二、怎样与前任班主任沟通

1、真诚沟通，树立前任班主任的威信

前任班主任离开班级的原因有很多，可能是调走，可能是学校工作安排，极少的可能是该班学生和班主任之间发生矛盾。不管是哪种原因，人无完人，任何一个人都会有优点。每一个班主任更有自己的管理方法和工作特色。刚接过一个班级，切忌全盘否定前任班主任。前任班主任必定有许多值得学习的地方，在一部分甚至是大多数同学心目中占有着相当的位置。如果新班主任对以前的各项工作采取全盘否定的态度，经常批评甚至是有意贬低前任班主任，这必定会引起一些同学的反感，进而产生抵触情绪，还会降低新班主任的威信。

2、积极沟通，让前任班主任做班级"顾问"

由于种种原因，前任班主任不能再与这个班的学生在一起学习生活。为了让学生在心理和情感上能顺利的过渡，既不因离开原来的老师而悲伤也不因难以接受新班主任而纠结，可以请前任班主任做班级顾问，随时参与班级的活动，为班级的管理献计献策。有的新班主任认为这样做学生会轻视自己，其实恰恰相反，这样做能让学生感受到新班主任的大度，感受到新班主任和前任班主任之间关系融洽，认为新班主任易于接近，同学们喜欢的班级特色活动能得以传承。前任班主任面对这样信任自己、尊重自己的新班主任，也能把自己的工作经验、班级特点、学生情况毫无保留全面地与新班主任进行沟通，更会利用一切机会在学生或家长面前介绍新班主任，树立其优良的形象，便于让学生尽快的接受，使之更有效的开展自己的工作。

三、新任班主任接班后的三不要

1. 工作方法不要急躁。

俗话说: 新官上任三把火, 每个班主任新接一个班总是希望尽快提升班级管理水平。因此, 常常在很短的时间里大刀阔斧进行改革创新, 其实这是最要不得的。因为, 作为新班主任, 他可能与前任班主任沟通后对过去的一些情况有所了解, 但毕竟那是少数甚至是个别现象, 片面的, 学生也没有适应新班主任, 师生间需要一个磨合的过程。尤其对于高年级学生, 在他们没有认可班主任的情况下开展改革, 会使他们产生抵触情绪。因此, 操之过急, 往往使大多数计划落空, 进而会影响班主任的威信, 工作更难开展。

2. 了解学生不要浮于表面。

中途接班不同于从头接一个新班, 因为这个班的同学已经相处了一段时间, 彼此有了一些了解, 同学之间也有了一定的默契。在这种情况下, 新班主任要沉下去, 到同学当中去, 深入了解各方面的实际情况, 切不可只从别人的口中评价学生, 也不可只凭几次表面的现象就开始武断地发表自己的意见、下某种结论、提出相关的规章等等, 这样做很容易伤害一些同学, 使他们站到和自己对立的一面, 往往这些学生在同学们中间有一定的威信, 从而给自己后面的工作带来众多的负面效应。尤其是不在全班面前批评学生, 而是单独交流, 注意分寸, 这样互相得利, 同时工作好开展。

3. 不要一切继承, 要有自己的风格。

当新班主任对自己的工作能力、工作方法缺乏自信时, 可能会一切继承, 全部照搬前任工作。这样做, 实为不妥, 因为人与人的性格、气质、教育的方式、管理的风格有很多的差异。对于学生也总想从新班主任那里找一点新的感觉, 新的变化。如果还是一成不变，有很多学生会大失所望，毫无新意，进而我行我素，工作开展效果不会很好。

笔者学校的一位班主任在接手一个新班后，为了改变班级过于沉闷的风气，提高班集体的凝聚力，在学校安排的活动之外，期初和自己班的学生共同商定了班级活动计划，并严格的执行，使班级在短时间里就焕发出新的生机和活力。

四年一班日程安排表

周	日期	内容
1	8.21－8.25	1、竞选班干部　2、安排自主管理负责人 3、出一期板报　4、坚持长跑
2	8.28－9.1	1、自荐校大队委　2、我是班级小主人演讲比赛 3、小考
3	9.4－9.8	1、阳光体育运动会　2、主题队会 3、硬笔书法比赛　4、班级学唱一支新歌
4	9.11－9.15	1、古诗诵读比赛　2、速算考试（3分100题） 3、校长跑　4、班级旱溜冰表演
5	9.18－9.22	1、作业展评　2、创作画一幅 3、最喜欢一句格言交流会　4、练队列　5、记录表彰
6	9.25－9.28	1、校队列比赛　2、班级出一期板报 3、做好复习
7	10.2－10.6	1、颂祖国朗读比赛　2、班级采蜜、剪贴、格言展评 3、软笔书法大赛
8	10.9－10.13	1、数学法则、概念考试　2、跳小绳 3、班级成语沙龙　4、班级学唱新歌
9	10.16－10.20	1、集体舞比赛　2、看电影　3、语文测验 4、班级儿童画大赛
10	10.23－10.27	1、班级出板报　2、特长生汇报演出 3、班级小小作文家评选
11	10.30－11.3	1、班级课外阅读测查　2、应用题考试
12	11.6－11.10	1、看电影　2、班级日记展评 3、国防知识再学习　4、班级学唱新歌
13	11.13－11.17	1、拔河比赛　2、班级手工艺品展评　3班级英语演讲
14	11.20－11.24	1、班级器乐表演　2、口头作文比赛

15	11.27-12.1	1、出板报 2、班级背诵表演 3、班级学唱新歌
16	12.4-12.8	1、大合唱比赛 2、复习
17	12.11-12.15	1、看电影 2、大绳比赛 3、复习
18	12.18-12.22	1、期末考试 2、总结表彰 3.体验活动

有学者认为,教育在于使孩子在适宜的环境中得到自然的发展,教师的职责在于为孩子提供适宜的环境,而且小学生对活动有着极大的兴趣,渴望参加各种活动。所以作为班主任应充分根据学生的年龄特点,为学生创设丰富多彩的活动,让学生感受到童年生活的多姿多彩,感受的新班主任的能力和热情,从而焕发学生心中的激情。

班主任是一项辛苦的工作,当继任班主任就更充满挑战,每位继任班主任都应以自己的爱心和理念为学生构建一个平台,让学生尽情地去展示、去拼搏、去创造他们光辉灿烂的明天!

第四节 与领导沟通,少走弯路促和谐

有些老师见到学校领导就紧张,不知道该说什么,或者怕和领导常沟通给人走上层路线的感觉,其实学校领导作为学校各项工作的管理者,无论对各项政策的把握,还是信息的占有量上都有一定的优势,因此与领导勤沟通,可以少走很多弯路。

一、与领导沟通的误区

1、心理上的不平等。

在学校管理中,校长具有一定的指挥权、奖惩权、任免权,以及其他各种权利,而教师的地位和威信,在很大程度上取决于校长的态度和评价。这种实际地位的差异性,时常会导致心理上产生一些不平等关系,而很多教师不愿意在被支配、服从的从属关系下与校长沟通、交流。尤其是年龄和其相仿的教师,认为自己在教龄和教育教学管理经验上不比领导差,为什么人家能当上领导,而自己这么大年龄了还要在他的支配下工作,在这样的心理下沟通自然很难顺畅。

2、不求上进,消极对待。

在我国现阶段班主任不仅要承担一个班级的语文或数学的教学任务,还要完成班级的管理工作。学校部门多,大大小小的任务和工作如同千万条线最终都要通过一个小小的针眼穿到班主任这一根针上。长此以往有些老师真的是应接不暇。于是乎评优评先无所谓,反正自己不挨累就可以了。在这种职业倦怠心理的影响下,部分老师选择了消极怠工,对领导的指令不在乎,你说你的,我做我的,这种状态下工作质量的影响可想而知。

3、安于本分,与世无争。

教师个人的性格不同,工作和处世的方式也不一样。有些教师天生就喜欢"安于本分"的做事,淡泊名利,与世无争。这些教师在工作中高调做事,低调做人。他们对待工作兢兢业业,一丝不苟,对学生关心备至,赢得家长的好口碑。领导说什么是什么,叫怎么着就怎么着,好坏没有自己责任。在领导和同志们中间有良好的人际关系。这些教师往往认为我是学校的好员工,我工作的一点一滴领导心中有数,领导来赏识我、器重我、调动我的积极性,我只要尽职工作就行了。没

有必要和领导沟通, 对领导总是敬而远之, 见领导总是嫣然而笑。其实这种教师在情感上跟领导是疏远的, 没有沟通领导不能及时了解你内心的真实想法, 不利于教师个人的专业发展。

4. 自持高明, 态度激进。

很多一线教师或班主任好学、淳朴、正直, 具有接受新思想、感受新事物快, 开拓创新的能力; 有丰富的教育教学管理班级的经验, 由于长时间的打拼已经成为某个领域的行家里手, 在加上有些教师个性鲜明, 必然会有一些人 "自视清高, 旁若无人" 也有一些人"事不关己, 高高挂起"以为自己有一定的资本, 认为我比谁都强, 在平时的工作中要么对领导工作思路不研究, 不落实, 要么另搞一套, 阳奉阴违。这样的态度都会影响与领导沟通和交流。

5. 奉承讨好, 溜须拍马。

虽然教师这个群体应该是纯净和单纯的, 但只要有人群的地方就有这类的人, 为达到自己的目标, 在领导跟前毕恭毕敬, 低三下四, 低声下气, 领导说什么都是对的。这样做, 既丧失自己的人格尊严, 也于工作没有好处, 其实做领导的最不喜欢这类人。

二、与领导沟通的好处

学校领导作为管理者有他的职责所在, 经常与领导沟通, 不仅能通过换位思考理解学校领导的工作设想及困难, 而且能拉近校领导和教师之间的了解, 减少矛盾, 增进情感, 是非常有好处的。

(1) 与学校领导沟通, 可以准确理解领导的决策和计划。

我们做班主任的经常和领导沟通就能减少不必要的误解, 准确领会领导的意图、准确把握工作的目标和角度, 知道哪些工作做到什么程度。比起自己冥思苦想、闭门造车来，少走了很多弯路。

（2）与学校领导沟通，可以转化责任。有的时候，有些事情，你做得不太顺，不太好，或者难以承担下来，这个时候，你向领导汇报，沟通，他肯定会指导你的，如果在他的指导下，做不成事，那就是他的指导不成了，而一般情况下，他肯定会指导成功的，即使不成功，他也会告诉大家，这很成功。

（3）与学校领导沟通，是可以建立感情。领导会觉得你尊重他，若按古代的说话，他会觉得你很适合做他的门客。

（4）是可以得到更多的工作。一件事一件事的汇报，做好之后，领导会觉得你是个可以做事儿的人，觉得你是个可以托付事情的人，所以，站在领导的角度上，你可以得到更多的机会。

三、怎样与领导沟通

在日常生活中，我们总要与人交往。一件最重要的事就是沟通。班主任工作千丝万缕，沟通的对象更多，不仅要与同事、家长沟通，更要与学校领导进行有效沟通。学校领导都是性情中人，经常与上级领导进行有效沟通，是保持良好上下级关系的基础，对班主任工作和自己将来的发展具有重要意义。那么怎样与学校领导沟通呢？

（一）要有积极主动的沟通意识。

学校的校级领导是带领全体教师共同完成教书育人使命的，领导具有其他人不可企及的前瞻性和方向性，可以给予教师工作上最有效的指导。能够给我们提供最好的帮助。但是校级领导工作往往比较繁忙，无法顾及得面面俱到，所以作为教师保持主动与领导沟通的意识十分重要。学校的中层领导是学校的核心力量，是学校工作的贯彻执行者，直接指导着一线教师的工作。班主任除了要完成自己的教学任务外，还要完成学校各部门的工作以及班级的教育管理工作，直接和各个部门的中层领导打交道，也只有在完成各部门的工作进程中经常和主管领导交流，才能让主管领导更好的了解自己。只有积极主动的和领导沟通，有效的展示自我，才能让你的能力和努力得到上级的高度肯定，才能获得领导器重而得到更多的机会和空间。与领导沟通不仅是只报喜不报忧，当自己工作上有了失误或遇到难以解决的问题时，更应该主动和领导沟通，寻求领导的帮助。

（二）要持真诚谦逊的沟通态度。

无论是校级领导还是中层领导，既然能成为领导，一定是教师群体中的优秀者，是自己多年兢兢业业努力工作的结果，一定在某一方面有过人之处，是得到老师们拥护的。但领导也不是完美无缺的人，不可能事事都能作出"圣君名主"的决断，领导时有失误，在某些方面可能还不如你，或者有时有事还要与你商量，千万不要因此而鄙视领导，有居高临下之感，这样只能给自己的工作带来阻力，尊重是一种美德，是一个人起码的修养，尊重领导体现的是一个教师的基本素养。要想有效表达自己的反对意见是时，一定要三思而后行，要懂得智慧地说"不"！要从建议的角度去给领导提建议。此外要学会换位思考的沟通方式。如果我是领导我该如何处理此事，从而理解领导暂时的处理事情的方法！

（三）要寻找恰当的沟通时机。

寻找的沟通方法与渠道十分重要。我们班主任在现实工作中常常固守在自己班级这个小天地，没什么事情基本不会到领导的办公室主动交流。领导工作繁忙也不可能把每个人的工作都看得很细致。所以要根据自己的实际情况选择恰当的时机和领导沟通。比如在期初的年组工作会议上，可以把自己新学期的设想和工作措施向领导汇报，让领导知道你是个做事有思考、有计划的人；在期末的总结大会上一定认真总结自己的工作成绩和不足，这是让领导知道你这学期都做了什么，取得哪些成绩的最好时机；除了这种正式场合的沟通外，如果遇到领导到班级听课、检查工作后的短暂时间，可以简明扼要地向领导交流近一段时间都做了什么，班级管理有什么特色，学生的培养进展到一个什么程度，这样领导就能及时的了解我们每天的工作。这样既不耽误领导时间，又寻找到一种有效且简洁的沟通方式！当我们有事需要领导指导或帮助时，一定要看看领导是否有时间，切不可因为自己的事情妨碍领导。其实沟通也不要仅仅限于教育教学方面的沟通，偶尔沟通沟通其他的方面的事情也能有效增进与领导的默契！

（四）关键之处勤沟通，少走弯路效率高。

班主任经常与领导进行有效沟通，保持良好的上下级关系，不是人格的扭曲，不是狡诈诡谲，不是欺上瞒下，不是阿谀奉承，也不是人际交往异化流俗，而是为人处世的一门学问。尤其在落实工作进程的关键处，与领导沟通，向领导请示，可以少走弯路，省时高质保地完成工作。

1. 在工作起始时沟通，明确目标。

领导安排给你一项工作时，一定要明确这项工作的目标。一定要用最简洁有效的方式明白领导的意图和工作的重点。此时我们可以带一个记事本，快速记录工作要点，即弄清楚时间、地点、执行者、为了什么目的、需要做什么工作、怎么样去做、需要注意哪些事。在领导下达完命令之后，立即将自己的记录进行整理，再次简明扼要地向领导复述一遍，看是否还有遗漏或者自己没有领会清楚的地方，并请领导加以确认。如辅导员要求你准备一节参加比赛的班会。你应该明确正式参赛的时间，班会的主题，要体现那些理念，有什么具体要求，根据自己的记录向领导复述并获取领导的确认。你可以说："辅导员，我十分感谢领导对我的信任，给我这个机会。我对这个班会是这样认识的，为了体现这些理念，展示学校教育管理的特色，我会在最短的时间内先写出班会设计方案，跟你汇报，等方案确定后再进行排练。"这样的沟通既表达了对领导重用的谢意，有明确的工作的目标，同时向领导传达了自己的工作打算，先计划，再实施。

2、在工作遇到瓶颈时，请求指导。

作为班主任，在接受学校领导布置给我们的任务后，应该积极开动脑筋，尽全力开展工作。并随时向领导汇报工作的进程，以便领导随时掌握你工作的进展。我们毕竟是一名普通教师，由于经验、阅历和见识有限，没有领导们见多识广，理念新、站位高，所以在工作进程中，时有遇到瓶颈之处，此时我们一定要和领导及时沟通。往往有些班主任碍于面子，认为经常请教领导，领导会不会认为自己没有能力，会不会不信任自己，以后不再给自己一些任务，有事也不和领导商量，自认为能独当一面，其实遇到问题不和领导沟通，不仅会耽误工作，还会错过一些时机，造成不可挽回的后果。比如：有一位班主任在教育学生的过程中，由于语言不当，伤害了学生的自尊心，弄得孩子不愿来校上课，家长对班主任的做法也很气愤，对其不依不饶，这位班主任想息事宁人，还不想在家长面前认错，认为有失教师身份。于是和家长冷战。但又怕时间长了，孩子不来上课，家长会找到学校告她，就天天处于恐惧和烦恼之中。她是在不知怎么办好，终于找主管领导汇报了这件事。主管主任开导她："老师是老师，但老师也会犯错，老师向家长和孩子道歉没有什么不好意思，反而更让家长尊敬你，因为是你错了，知错就改就是好同志。同时你这样做也体现出你是个心胸宽广的人。家长会理解你的，也得做法对孩子也是个榜样。只有这样，才能化解你和孩子以及家长之间的矛盾。领导、同事也不会因为这件事瞧不起你，更不会满城风雨。相反你和家长僵持着，将来真闹到人家孩子要转学或什么的，那时才是自己最难堪的时候。"领导的一席话让这位班主任豁然开朗，她终于卸下了思想包袱，轻松工作了。

3. 在工作需要协调时，寻求支持。

班主任在工作中可能会出现这样那样的困难，对于在自己能力范围之内的困难，我们可以解决，但有一些是自己能力所不及的，我们应该及时与领导沟通，提请领导协调别的部门加以解决。比如，我们要参加市里的班会比赛，需要合成音乐、排练舞蹈、制作精致的课件、录制光盘等这就需要校领导从学校的整体利益和工作安排来协调教师们的工作。

4. 在工作进程中，随时汇报 。

既然我们已经按照计划开展工作了，那么，就应该留意自己工作的进度是否和计划一致，无论是提前还是延迟了，都应该及时向领导汇报，让领导知道你现在在干什么，取得了什么成效，并及时听取领导的意见和建议。

5. 在工作完成后，总结反思。

在工作完成之后，我们往往有一种如释重负的感觉。认为已经完成学校领导交给的任务。很少再与领导沟通交流。其实这正是我们与名师大家的不及之处。一项工作结束后，很有很多的收获，也会有很多的思考。把这些收获和思考积累下来就是班主任的一笔财富。梳理出来就可以在教育教学的刊物上发表。此时我们更应该及时和领导沟通。将此次工作进行总结汇报，总结成功的经验和其中的不足之处，以便于在下一次的工作中改进提高。可以口头沟通，也可以是书面沟通。同时不要忘记在总结中提及领导的正确指导和同事们的辛勤付出及通力合作。这样领导才知道你是个善始善终的人，是个善于合作与协调的人，会认为你做事严谨，以后还会把更重要的事交给你。提升自己在学校领导心目中的地位。千万不要忽视请示与汇报的作用，因为它是我们和领导进行沟通的主要渠道。我们应该把每一次地请示汇报工作都做得完美无缺，领导对我们的信任和赏识也就会慢慢加深了。

四、与领导沟通的原则

1. 尊重而不迎合。

尊重学校领导的根本，一是维护领导的威信，从内心里敬重领导；二是给领导全力支持，尽力协助领导做好工作。在给领导提建议时，要从维护领导的团结和威信出发。不能在这个领导面前说那个同事的短处，更不能把某些人的缺点散布到同事中去，尤其不能把服从领导庸俗到溜须拍马、巴结讨好的地步。

2. 服从而不盲从。

班主任也好，科任教师也罢，和领导们在目标上都是一致的，都是为了学校的发展，为了更好的为学生家长服务。所以我们对学校领导的指挥必须服从。我们的每一个行动必须与领导合拍，为领导决策的每一个环节进行有效地服务。要做到服从而不盲从，一是认真领会、忠实体现领导意图，二是要恰如其分地为领导拾遗补缺。但要注意，服从不是人身的依附，不是唯唯诺诺地趋附。

3. 参与而不干预。

作为教师，我们可以在领导授予的权限内提出建议或方案。不能不经领导同意，擅自加进个人意见。遇到意见不一致时，要以学校的大局为重，从学校利益出发，支持领导的决策，绝不能自作主张。

人与人之间最宝贵的是真诚、信任和尊重。而这一切的桥梁就是沟通。沟通就是推心置腹的交流，它可以传递各种信息，增进配合，提高默契，它可以化解矛盾，展示心灵，培育情感。

第五节　积极沟通，用好学校外部优质教育资源

学校教育不是孤立的，它与社会教育、家庭教育是一个有机的整体，唯有整合三者的功能，才能发挥教育的最佳效果。教育事业，需要全社会都要来关心和支持，需要社会各方面力量的共同努力。而学校也应该千方百计主动积极地发掘、利用丰富的学校外部优质教育资源，构建一个全方位的、良好的、立体的教育大环境，只有这样的教育才是真正有效的教育。

一、用好学校外部优质教育资源的意义

学校外部优质教育资源是指本身具有一定特色并可利用的，能为教育目标服务的校外优质教育资源，它包括物质资源、人才类资源和信息资源等。学校外部教育资源主要表现为社区的教育资源、科研院所的教育、厂矿企业的教育资源、校外教育机构的教育资源和家庭的教育资源等。这些资源的开发和利用有利于学校教育的发展，有利于提高学生的学习兴趣，拓宽学生视野，有利于积累学生的社会实践经验，真正做到以学生为本，提高学生认识社会、认识自然的能力。

二、学校外部优质教育资源的主要类型

1. 图书馆、档案馆

书报杂志是学生在活动中获取信息的重要渠道。虽然学校内部也有图书馆，但由于场地小或其他客观因素，学校内部的图书馆在资料和服务能力上有一定的限制，一些开放性的主题活动课程就要引导学生到市图书馆、档案馆去查阅资

料、寻找信息。

2. 计算机网络

网络时代大大拓宽了学生们获得信息的渠道，我们应该充分利用这一现代教育手段。按照国家统一部署，大部分学校已经为每个班级配备了一台联网电脑，除教师上课使用外，学生可以充分利用网络资源进行学习。

3. 家长

家长是一个蕴藏丰富的教育资源。一所学校中家长的职业牵涉到社会的各行各业，其间不乏高精尖人才，还有更多的各行各业中的"精英"。且家长的教育热情高，与学生联系密切。在学校对家长的调查中，100%的家长都赞成学校开展社会实践活动，赞成学校组织学生从事研究性活动。所以大多数家长都愿意为学生提供帮助。比如到春光乳业去参观，了解牛奶的生产过程，到红旗雪糕厂去考察，了解雪糕的制作过程，到电厂去参观增长电力方面的知识。再比如有很多家长有丰富的家庭教育经验，可以请这些家长为全校家长做家庭教育指导，家长的现身说法更有操作性等等。这些形式，不仅使学生直接从家长处获得各方面知识，同时也加强了家长与子女间心灵的沟通，有助于建立相互理解、相互信任、相互尊重、和谐民主的关系。

4. 专业研究机构、政府有关部门

各专业团体、高校、研究院所拥有最新的科技信息和先进的技术力量，所以也应重视和这些专业部门和企业单位常沟通，如环保、古迹文物、各类展览馆、博物馆、电视台、电台、园艺场、养殖场、各大企业（包括私营企业）、商场、宾馆等等。这些机构可以为学生提供借阅资料、实地考察、访问专家、动手实践的机会等。

在笔者的学校，校园中就建立了"百蔬园"和"百果园"，充分利用校园中楼下花园的空地种植了各种果树和蔬菜。每个班级都有自己的试验田。玉米、白菜、辣椒、豆角、丝瓜，西红柿从播种到锄草到采摘每一项活动孩子们都亲自实践。

走出校门，以开放的大教育观积极争取社会上有利的绿色教育资源。经过几年的努力，笔者的学校先后与九个单位开展共建活动，为学生营建九个绿色教育社会实践基地，先后聘请了22位辅导员，利用每学期两周多的时间，带领学生走进这些实践基地，体验工厂、农村、军营、大自然、高校、博物馆……带来的神奇的教育魅力。绿色实践基地建设，不仅丰富了学校绿色教育实践内容，而且也强进了基地单位绿色经营意识，达到了共建、共提高、共收获、共成长的目的。为开展丰富多彩的绿色体验活动，学校在教育经费十分短缺的情况下，先后拿出6万余元与越北镇烟达木小学共同开辟了6亩多的绿色生态教育基地。通过春种秋收，孩子们能够了解自然，感受生活，亲近大自然，体验绿色，感受春的播种、夏的辛劳、秋的收获，感悟"谁知盘中餐，粒粒皆辛苦"的真谛，体验劳动的光荣与快乐。这是生动的大课堂，是对青少年进行有效的思想道德教育的途径，更是生长在城市里孩子的必修课。在实施开放性主题活动课程中，学生的足迹遍布城市乡村。学生的各种能力均能得到有效锻炼，如寻找信息源的能力、人际交往能力、承受冷遇和挫折的能力；还能亲身感受到科学家、艺术家严谨的治学态度和人格魅力，并能增强社会责任感和使命感。

三. 开发利用社会教育资源所必须遵循的四条原则

1、充分尊重、寻求帮助、谦虚好学的原则。

2、相互交流、相互帮助、互惠互利的原则。

3、精心设计、显示水平、学有实效的原则。

4、充分肯定、及时反馈、努力拓展的原则。

总之，社会教育资源是十分丰富的，学校在期盼获取社会关心支持的同时，应解放思想、积极探索，多渠道、多元化地开发利用社会教育资源，而不能作为应付性、点缀性、应急性的一时之举。这不仅是进行开放性主题活动课程中应注意的，更应是在整个教育过程中须注意的。

班级管理既是科学，更是一项需要艺术的工作，班主任工作琐碎繁杂，忙乱起来常令人理不清头绪，经验丰富的优秀班主任却常

第一节　用最短的时间记住学生的名字

一、识记学生名字的意义

"记住一个人的名字，对于他来说，是任何语言中最动听，最甜蜜的声音。"卡耐基曾经这样说。没错，在每一个名字的背后，都承载着父母的期待，家族的希望，名字如跳跃的音符，演绎着生命的灵动。

能够在人群当中叫出学生的名字，迅速地识别出对方的特征，是尊重学生的表现。学生虽然是成长发育中的生命体，但以"完人"的态度审视对方的存在，让学生感受到自己在教师心目中的地位，是一个莫大的尊重和认可。有谁能抗拒教师这种无形中的爱，不把这样的待遇当作一种幸福而美妙的体验呢？记住对方的名字，而且很轻易就叫出来，等于给予别人一个巧妙而有效的赞美。

面对班级中的几十个孩子，叩开任何一扇心灵的大门，起点就是呼唤对方的名字，让对方在你的期待中，找到归属感。现代社会下的人的成长，远比以前要复杂得多，孩子的成长也要面临着诸多的考验，他们在成长的道路上过早的迷失了天真，泯灭了童趣，过早地封闭了自己心灵的大门，有时候在老师面前的表现并非真的自我，并非原生态的存在，而是经过了人为的修饰，甚至是迎合了老师与家

长的需要而改变了自己的生存方式和表现状态。想要走进他们的心灵深处，倾听发自肺腑的声音，办法的起点就是记住他们的名字，并且赋之以亲切而温柔的呼唤，让他们感受到柔软的心正在被轻轻地抚摸，愿意敞开心房，让我们探视其中的每一个角落。

当然每个人都希望获得对方的尊重，换位思考，记住对方的名字，不仅仅是学生的需要，也是我们的工作的需要和交际的需要。这样做可以帮助很快的融入新环境当中，想要和孩子自由的交往，不以"那个学生""这个女生"这样的代词来称谓对方，打消他们心中的顾虑，消除内在的心灵的壁垒，

从心理学的角度来看，记住学生的名字也符合首因效应。第一印象的先入为主，往往会在我们的心中打下深深的烙印，一个言谈潇洒，举止大方，面带微笑的老师走进教室，能够在第一面的时候就能叫出班级里的学生的名字，并且能够借助之前的了解，加上一两句点评对方的话，不能不会让学生为之动容、钦佩。借助于首因效应本质上的优先性，利用人们总是倾向于重视前面的信息的特质。能过记住学生的名字，这样简单而有效的办法，走入到一个学生的内心世界，走入到一个群体中去，是一条简明快捷的道路。

因此，在《美国优秀教师守则26条》中的第一条就是："记住学生的名字！"

二、识记名字的好方法

古人说，"工欲善其事，必先利其器"，感受了记住学生名字的意义，下面我们就来探讨高效记忆学生名字的具体方法，从实践层面上更好进行操作。

1. 巧用座位表

每次新接班级，给学生排好座位之后，最好的办法就是对照现在的座次安排，写一张明确的座位表。这是将学生名字与本人"对号入座"的最好办法。

名字的识记需要一定频率的复现。我们不可能一下子把所有的学生都记住，

可以将座次表中的名字进行基本的分类，对于班级干部，老师和他打交道的机会很多，记住的速度也很快，那么就会在座次表中形成坐标点，以坐标点带动其周围同学，形成辐射，这样就可以迅速的记住相当数量的学生。不过，辐射的范围可能会局限在坐标点周围的三四名同学。

与之相呼应的是，我们可以把班级的学生分成几组进行记忆，给自己下定任务，每天都要求自己五到八名学生，这样就会把名字的识记方法与覆盖范围放大，提高识记的效率。

爱默生所说的："礼貌是由一些小小的牺牲组成的。"每识记住一个名字，都会带来不同惊喜与收获，在这件事上花费一定的精力和时间是有意义的。

2．"见多"自然"识广"

作为班主任，每天都和孩子们打交道，各种各样的趣事，各色各味的现场，让每一天的教育生活都充满了童趣与诗意、新奇与意外。每个小小的教育现场，都会成为我们走进一个学生心灵的敲门砖。听听这个学生，随口唱了一段周杰伦的《烟花易冷》，有模有样，星范儿实足；再看看那个学生，即使班级吵闹得房盖似乎都要掀开了，人家还是"任尔东西南北风"，"我自岿然不动"，一本《老夫子》俘获走了他全部的注意力。课堂上那些被老师教化得正襟危坐的孩子课下都鲜活、灵动起来。这都是我们新班主任认识他们的好机会。也只有班主任老师乐于走进、走近学生，和他们多接触，多交流。经常观察，多多关注，自然就会对学生加深印象，才能提高识记学生的速度和广度。

"周杰伦的成名曲是什么？""他现在主打的是中国风，你还知道哪首歌啊？"，话题打开了，学生的名字不但会被印在老师的心里，老师也会在润物无声之间被学生悄然接纳。这时候，作为班主任可千万不要收手，我们还要推波助澜，"来，大家安静一下，让我们班的***同学给大家唱一首怎么样啊！"

就这样，一个学生的名字就被我们记住了，如果我们每一天都会利用这样的教育现场认识两三个孩子，那么教育效果可就不止是一个名字那样的简单了。想想一句话中这样说道，"我原想带走一片树叶，你却给了我整个春天。"这是不是给予了我们的教育以诗化的解读呢？

3、听听名字背后的故事

读读这些名字，"赵红兵""李卫国""黄文革"，一个激情燃烧的岁月就出现在我们的眼前。没错，每一个名字的背后一个故事，都有着美好的期待。作为班主任，要读懂的不仅仅是眼前的一个孩子，还有这个孩子背后家庭的期待。

在一位老师的班级中，有个学生名叫"＊含章"，初读起来，这个名字似乎并不为我们注意。课下的时候，老师便拉过这个学生，询问他这个名字的故事，孩子告诉老师，在他初生不久，一家人都为他的名字犯愁。起了很多，家里人总是有争议，没能达成统一。他的姥爷想起自己在《易经》中背过一句话，叫做"含章可贞；以时发也。或从王事，知光大也。"，大意是"含蓄地处事，保持住美好的德行，如果去从政，不居功、有美德而不显耀，就有个好的结果。""含章"即是希望他能内含阳刚美质，含蓄地处世。听了这个学生的介绍，老师深深点头，名字已经从简单的识记人的标签，成为了文化的符号。

其实像这样的名字还有很多，"致远"，取自于"非淡泊无以明志，非宁静无以致远"；"俊驰"出自成语"俊才星驰"……当然，并不是每个名字都是如此，还有很多如"振中"可能是有希望孩子能振兴中华之意，如"念恩"，可能是有希望孩子能知义明礼，懂得感恩……在面对面的交流中感受一个人名字的魅力，无疑会给我们做班主任工作以更好的切入点，成为读懂学生的一把钥匙。

4、从送作业时认识新朋友

"中等生"的另一个标签就是"平凡"，他们在学习上不像优等生一样熠熠生辉，成为老师眼中的佼佼者；也不是像淘气的孩子一样，会让老师过目不忘，因为他们很可能让人头疼不已。关注中等生已经成为老师们的共识，因为他们的问题更具有隐蔽性，无论是他们的内心世界，还是对待学习的态度、掌握知识的能力方法，应该说既具有很大的潜力，又具有很大的不可预知的可能。

在一个班级当中，我们可能认识最晚的就是这中间的一大部分，甚至于平凡得让你感觉不到他们的存在。在班级管理中，对他们的管理走向积极和主动显得尤为重要。以送作业为例，我们大可不必每天让学委跑来跑去的，这样的宝贵的机会，我们可能分一些给那些平凡的孩子。每隔三四天就换几个新鲜的面孔，让他们在你的眼前晃一晃，这时你可以带上一两句问候"**，这两天，你在课堂上举手的次数明显多了，加油啊，这是个好起点，希望以后表现越来越好。""**，今天的衣服真帅啊，是谁这么会买东西啊，搭配得这么得体。"也许只是三言两语，却是"看似寻常最奇崛!"

中等生并不意味着被忽视，被冷落，在他们中每一个人的内心深处，都写满了对别人赞美和认可的期待。利用送作业这样的小事，让那些平凡的中等生也感觉到自己在老师的心目中很有地位，感受到自己存在的价值，对于他们来说，意义非同凡响。

5、叫响"外号"

对于一个善于和学生沟通的老师来说，记住学生的名字已经不仅仅是识记一个标签，而且还能以此为起点，拉近和学生之间心理的距离。懂得沟通的老师，在熟悉了学生之后，往往会省略了学生的姓氏，而亲切的称呼对方的，如"文博""宛辰"等等，让学生感受到师情的细腻与温柔。当然，我们还可以给学生的特点起一个亲切而又得体的昵称，如"小胖儿""小博士"……

然而，除了上面提到的以外，随着网络媒体介入到学生们的生活当中来以后，我们会发现学生们给自己都起了有趣的网格昵称。关注他们的昵称和签名，能够迅速的了解他们心理的变化，捕捉到他们不同时期的内心世界里外显的蛛丝马迹，因为每个人的网络昵称无不是他们心理世界的写照，情感指向的显露，具有着明显的个人色彩。"冰雪女生"，是个现实生活中有些冷傲清高的学生；"开心果"，在班级里人缘极好，会在很短的时间内把同学们逗得开心大笑，而且在平时也是个乐观豁达的人，从不和别人计较。

从生活到网络，从现实到虚拟，每个人都在内心里潜藏着另外一个自我。无论是现实生活中对他们的称呼，还是到借用网络名字的昵称，都是走进学生的心灵的捷径，让他们感受到老师关注着他们成长中的每个小故事，每个小脚步，就这样串起，人生的足迹也就延伸起来，他们也就在老师的爱中长大了。

案 例　在发言中巧识学生

案例现场：张老师刚刚接手了五年五班。这是一节语文课，他正在和学生们一同学习《舍生取义》一课。

"同学们，刚才有人提出了一个问题，生命都没有了，还要道义有什么用呢？结合这个问题想想你在生活当中，在你查找的资料当中，有没有舍生取义这样的人呢？他是谁，又为了什么样的道义而舍弃了自己的生命呢？"老师的话音刚落，一个还不被他熟悉的学生迅速举起手。

"老师，在我查找到的资料当中，有一个叫'文天祥'的，他为了能让宋朝统一而宁愿舍弃自己的生命，他曾经说'人生自古谁无死，留取丹心照汗青'，我十分敬佩他能够为了国家统一，为了老百姓的幸福而甘愿牺牲"。这个学生掷地有声的回答让老师和同学们都为之动容。

老师激动地说："这么优秀的小伙子,我一定要知道你的名字,能告诉老师吗?"

"我叫*进一"。

"*进一,好名字,期待你下次精彩的发言。刚才用你富有深情的回答让老师敬佩和感动,来,咱们握握手希望全班同学都*进一同学学习,我们为他鼓掌",说着,老师和他握握手,又带头为*进一同学鼓起掌来。*进一同学的脸红起来,坐得更直了。

分析与反思 ╱

应当说,这是一个司空见惯的场景。有时候,我们会在课堂上直接说"那个穿红衣服的女生你来回答""张三的同桌,你谈谈对这个问题的认识",这样的称呼会让学生感受到在老师的心中根本没有存在感。师生互相认识,本是最自然不过的事,因为自己精彩的表现被老师记住,对学生而言就不仅仅是"被记住"这么简单,这意味着被认可、被欣赏、被激励。对其他学生而言,这也是一种很好的暗示——良好的表现会让老师更早、印象更深地记住自己。

每个人都希望自己得到对方的认可和尊重,在班主任的工作当中,这一点也显得十分必要,善于捕捉和学生在交流中的机会,放大老师对他的尊重,加以鼓励和正面引导,会在学生的心灵中写下希望,让他感受到老师关注着他的成长和进步。

案 例 🎓

尴尬

办公室里,几个老师正在议论学生办理学籍的问题。忽然,三班的金老师把一沓学生的档案落在了班级里。于是,她走出办公室,看着一张熟悉的面孔,他能肯定这个是她刚刚接手的班级里的学生，想让这个学生把那沓档案送到办公室里来。可是一时间她忘记了这个学生的名字，他一时着急，脱口而出："前面那个学生。"对方听到了她的呼喊，看了一眼他，"那个谁谁——"，"老师，我不叫谁谁，我有名有姓，我叫张红。"说完，张红同学头也不回地离开了走廊，径直操场走去。走廊里，只留下了一时语怔而不知所措的金老师。

回到办公室里，她静静地坐在座位上。回想着刚才发生的一幕，这种情况让她颇感意外。做班主任工作七八年了，以前她也这样称呼过学生，但从来没有遇到过这样的情况。同事们知道这件事后，纷纷批评这个学生，没有礼貌，没有家教。可是只有金老师并没有发表什么意见，在她的心中，有一块巨石砸进了她平静的心中，一直没有落底。

分析与反思 /

在这种情况下，无论哪个老师遇到，都会感到意外。随着社会发展，人的各方面素质也在不断提高，尤其是我们的学生，他们年龄小，接受新生事物快。在网络等新兴媒体的作用下，他们的主体意识，个体意识都在觉醒，他们对于获得尊重的诉求已经十分强烈，不再向已往的学生一样逆来顺受，对过去的师道尊严不再唯命是从。

因此，在这样的情况下，习惯了过去的教育方式的老师们一时间会手足无措，无法应对。在新的情况不断出现时，也要求我们教师能够与时俱进，不断改变自己的教育方法，以适应教育主体的变化。

这名叫张红的学生的表现确实显得很不礼貌，在责备学生的同时，我们也应该看到他们对"自我"的重视，他们希望在每个细节得到尊重，不希望成为人群中的"谁谁谁"。有了这份理解，才能很好地解决这次"谁谁谁"事件，当然尽快地记住每个学生的名字，是和他们深入交往的第一步。

案　例

"绰号" 的故事

唐老师是一名新接班级的班主任，因为他开朗乐观，没过多久就和班级里的学生相处得十分融洽。一天，正当他从办公室走进班级的时候，忽然听到班级里的有人大声的喊到："快回座，唐老鸭马上进班级了"。转眼之间，学生们迅速回到了自己的座位上。唐老师走进班级，温和地对班级中的学生们说："我听到有人叫我唐老鸭了啊！"一听这话，班级里的学生们哈哈大笑。见此情景，唐老师继续说道："你们喜欢唐老鸭这个卡通人物吗？""喜欢！"班级里的学生齐声喊到。"看来我也很受欢迎啊！不过唐老鸭虽然可爱，无论如何也算不上聪明，要是论帅气我好像也比不了啊，我不反对你们给我个昵称，要是这个昵称能把我知识渊博，乐观开朗的特点概括进去，那我会非常乐意接受。"听了老师的话，学生们思索起来。

此时，唐老师顺水推舟，"我听到班级里的同学之间也会叫绰号，什么'黑土豆''四眼儿'，这些都不太好听。你们想想这样的事情我们该如何处理呢"学生们低头不语。"我看咱们班级的学生都很爱打篮球，像咱们班级的*圣凯，打球那么帅，我看叫'灌篮高手'，怎么样？"听到了老师的话，学生们都纷纷鼓掌。

分析与反思 ╱

起绰号是同学之间经常会发生的一件事，但就大多数而言，基本是以丑化人的某个缺陷的，这使得孩子们之间的关系也因此而紧张起来。对于班主任，通过绰号的拟定和学生之间进行良好的沟通，同时对学生的舆论导向进行引领，这使得学生们在乐于接受的同时，也融洽了师生关系，有助于我们更好地开展班主任工作。

有时候，我们直呼学生的名号，能够创设一种和谐、平等、民主的师生关系，不知不觉树立起班主任的威信，也使得学生之间相互发现对方的优点，相互借鉴和学习。

于永正老师在《给新教师的20条贴心建议》中殷殷忠告：要尽快地记住每个学生的名字——首先记住表现好的和表现差的学生的名字。直呼其名的表扬胜于不指名道姓的表扬，指名道姓地批评、提醒，有时效果更好。把所授班级的学生座次表写出来，上课时放在讲桌上，这样做，有助于记住学生名字，新组建的班级，还可以请每个同学自制一个名卡放在书桌上，方便各位科任老师的识记，既有助于科任教师迅速地记住学生，也有助于科任教师和班主任老师间的沟通。同时书桌上立着自己的名卡，对学生本身也是一种无声的约束。

当我们走进了学生，从识记一个人的姓名开始，这个生命就鲜活起来，他们不在是静止在课本上的横平竖直，而是一本本厚厚书籍封面上的题目，在这个故事，有着他的成长经历，想要读懂这本书，这个故事，就让我们从他的名字起步。

第二节 巧妙"排兵布阵"——安排座位学问多

排座是班主任工作中的必修课。从学生的角度看，每与一个新的同桌，与一个小组成员建立起基于座位上的客观联系，那么必然会引发人际关系上的变化，导致新的人际网络的形成；而从班主任的角度来看，有序、科学的排座可以使工作更好地开展实施，建立起班主任工作的良好管道，使得客观座位的排列为班级管理的有效实施建立途径。

一、排座面临的挑战

就一般而言，给学生排座的决定性因素是学生的身高问题。按照学生个子的高矮，依次进行排列。可是，身高问题已经不能在学生的座位的排列过程中只能作为一般性的因素进行考虑了。视力、性别等问题加剧座位排列的困难，导致了越来越多的问题掺杂进排座的过程当中来。

1、视力因素。

时下小学生的近视的现象越来越严重了。我们经常可以在班级里看到这样的情景，坐在前排的学生眯着眼睛，紧紧地盯着黑板；后面高个子的学生不时地会站起来，探着身子向前看。在一个六个人的小组里，戴眼镜的同学高达四五个。繁重的学习任务进一步加重了学生近视的程度。对于个子矮的学生还好说，直接调在前面，对于那些个子较高的学生来说，让他们坐到前面真是个难题。而对于高个子学生来说，配眼镜只能是是最好而又无奈的选择。

2、性别因素。

一般来说，我们在排座时，基本是男生和女生按照适当的比例搭配坐好。这样的做法是没错的，应该说，男女生搭配坐可以比较好的调适异性交往的心理。可是不能忽视的是，现在的学生接受信息的面越来越广，他们在电视、报纸杂志、网络上，尤其是受网络游戏中情节与语言的影响，他们对性别的认识越来越多，已经超越了我们已往想像的程度。男女生之间不时就会私底下相互评论。

3、成绩因素。

时常会听到，有的老师是按成绩给学生排座的，暂不论述评价这样的做法是否得当，但确实从中能看到成绩对于班主任在学生排座问题上发挥着不可低估的作用。可是如果一味地按照成绩的高低去"论资排辈"，则可能会形成极大的负面效果,导致后进生会大面积的失去上进的信心和动力。因此,以成绩论高低,这样的做法要谨慎。

4. 性格因素。

现在的学生都是以自我为中心,性格中的独立意识都很强,每个班级当中都会有几个学生,和其他同学相处不好,只要一换座就会招来其他同学和家长的烦感,要求班主任再次换座。"性格互补"的应该成为班主任进行排座时考虑的重要因素之一。

5. 人为因素。

每个家长都想把自己的孩子放在任课老师眼中最重要的位置,为了实现自己的目的,家长们动脑筋、想办法,绞尽脑汁地找关系、送人情……家长的心情是可以理解的,但是作为班主任,我们深深地知道:我们不可能满足每个家长的想法,面对人情往来,我们往往会陷入到两难的境地当中。可是,再难也要面对,在人情与现实面前,作为班主任在兼顾各种因素的前提下,要公平面对学生,面对家长,抱着公心去完成座位的排列,才会赢得家长和学生的认可。

二、排座的方法

一般来说,新接班时班主任都会按照学生的自然情况进行排列,可是随着对学生了解的深入,就会采取更符合学生实际情况的方法进行排座。下面的几种方法谨供参考:

1. "专属座"排列法

为了给班级当中的不同学生提供合适的座位,让他们都在自己原有的水平上找到进步的空间,可以给这些孩子提供专属座。给予班级最好的学生提供"榜样座"，让学生们能够以坐到班"榜样座"为荣；对出现朋友之间隔阂的两个人，提供"友谊座"，让两个学生能重归于好，加固友情；对于学习突出的学生和学习后进提学生结成帮扶对子，提供"爱心互助座"，让后进生在帮扶的情况下获得进步；对于在平时表现当中出现问题的学生，作为班主任不能视而不见，提供"警示座"，给适当的时间进行反思，在表现好的情况下可以让学生坐回原来的座位上；对于进步大的学生提供"步步高座"，让学生找到成就感，更加努力奋发向上。

不同的座位的设置让学生可以在不同的到情况下找到合适的座位，从而提高自律性，让学生更好地进步。

2、"差异化"排列法

尊重学生的个性差异，从而因材施教，作为一条基本的教育原则，也适用于座位的排列。在班主任的日常工作当中，我们会发现学生是千差万别的，正如世界上没有两片完全相同的树叶一样，学生们的学习能力、方法掌握、反应速度等等，或是对于音乐、体育、天文、文字等的爱好也是各不相同的。在我们现代实施的班级授课制的教学当中，尊重学生的差异。在小学阶段，以学生的学习兴趣及性格特点为主，兼顾学生生理特点的排法较好。如对数学比较感兴趣的同学安排在一起或位置接近的地方，会使学生在学习上相互激励，相互促进；把有不同的偏科现象的同学排在一起，可使他们在学习上相互补充，协调发展。排座时注意学生性格特点的搭配也很重要。活泼的学生在一起可能会使整个班级喧哗不已，但若使他们和性格上较内向的同学搭配在一起，则能使双方性格上相互影响，最终使双方各受裨益。

一般来说，在考虑了学生身高等基本因素的情况下，就要从显性因素过渡到隐性因素，对于学生的爱好、特长、性格、人际关系等进行综合的考量。对于一个小组的形成，通常可以由组织能力强的作为组长，无论是在学习上，还是在各种活动的开展当中，通过不同的人员分工，让每一个学生都发挥自己的才能，达到共同教育，共同进步的效果。

3、"会议式"排列法

在以往的班级管理和教学实施当中，我们会发现往往以"师生交流"为主，班主任要么在班级管理当中"一言堂"，唱"独角戏"；要么在教学当中点对点的进行交流，"生生交流"成了一片空白。因此，排座的时候，可以适当改变一下学生的座位排列方式，以小组为单位，把两套桌椅面对面进行排列，以六到八人组成。学生可以像开会一样，对班级管理当中出现的问题和教学活动中值得讨论的话题发表意见。在组长的组织协调下，整理意见，在班级范围内进行交流。

改变学生座位的客观的排列方式，会给学生带来不同的体验。这种排列方法已不仅仅是座位的摆放的方法上的改变，还可以引发学生的思维方式的转变。

4、"轮换制"排列法

一般来说，班主任都会将班级当中分成若干小组，每个小组在综合身高、视力、学习成绩和性格等诸多因素进行排位。这样可以使小组内的每个同学都发挥所长，得以进步。不过，就小组内部而言，我们还可以在组内实施轮换制的排列法。

具体地来说，就是可以让组内的每个同学可以在一定的时间前后轮流座、同桌也可以依次轮换，这样不仅可以给学生来交际上的机会，也可以让提供相互学习、相互交流的契机。在某位班主任的座位排列当中，就采用了这样的方法。小组内的同学为有了新的同桌而感到兴奋，同时也更大范围内的认识、了解了新的朋友。他在工作日记当中写到："我欣喜地看到了学生脸上洋溢的快乐，更感受到了一段时间以来，实践这种排座方法带给小组内、班级里新的气象和进步。"

　　值得注意的是，换座的频率至少应该在两周一次，这样对于学生的身心成长都有益处。在网上有这样一句话说得很好，可以和各位老师进行分享："应该说，时间在变，学生在变，情况在变，座位也不能一成不变。"以动态的、发展的眼光来看待学生的变化，适时适地的调整学生的座位，对学生来说是一件幸福的事。

　　随着年级的升高，学生们对于座位的排列也较之前更加敏感，即使是再好的位置坐久了也会产生厌倦的情绪。心理学家研究表明，学生以每学期调整一次座位最好，这即使同学间得以相互交流，又使学生保持新鲜感。在日常的工作当中，对待排座，尽量不以成绩高低作标准，不打"人情牌"，否则一旦被学生了解到，作为班主任的尊严和公信力就会尽失。

案例

两难的排座

案例背景

　　这是一位老师在排座当中遇到的真实的问题。这一天，班主任老师刚刚给个别学生进行了调换，把其中两个学习水平相近，感情又不错的朋友调到了一起又将两个稍差一点的学生放在了旁边。座位刚刚调整完毕，当晚就在班级的QQ当中收到了家长的消息。

听雨&小楼 19:02:22

　　您好，*老师，我是禹含妈妈，不好意思，有事情要麻烦您。

　　**回来说今天上课没有听好，有很多都溜号了，原因是因为她现在的座位前后左右的同学太活跃，上课不太听讲。您看看，能否给她换一换。我知道这是为难您，可是，现在是最关键的时期，本来这孩子的自律性就很差，长此下去，我怕影响她的学习成绩。给您添麻烦了！

一粒沙的世界　19:06:19

　　　刚换的座…我考虑一下吧

听雨&小楼　19:08:12

　　　我知道这让您很为难, 可是, 如果她不受影响我是绝不会向您提出这个要求的。您平时很照顾我们孩子, 作为家长我们一直铭记在心, 过多感谢的话我就不说了, 真的麻烦你了。

一粒沙的世界　19:09:12

　　　因为孩子调换到哪.要看看个头.再看看同桌…

听雨&小楼　19:09:13

　　　不是, 我们夫妻真的是很欣赏您

一粒沙的世界　19:09:52

　　　其实不怨你, 我今天特意把她和好朋友放到一起…他们一直是很好的朋友..寻思放在一起有个竞争。

听雨&小楼　19:09:52

　　　我知道, 这是让您很为难, 可是这孩子的自律性实在是太差, 注意力很容易被转移

一粒沙的世界　19:10:40

　　　明天我看看……

听雨&小楼　19:11:10

　　　麻烦您了, 真是不好开口, 可是为了孩子, 没办法

一粒沙的世界　19:11:24

　　　呵呵,没关系的

　　第二天, 班主任将其中一名较差的学生调走, 才缓解了这场风波。

分析与反思 /

在这个案例当中，老师出于好心，将两个好朋友调在一起，并希望他们能帮助其他的同学。可是作为家长，因为怕纪律不好的学生打扰自己的孩子学习，提出了再次换作的要求。应该说，家长的这种心理是可以理解的，但其自私性也体现了出来。可是这样的现象是班主任经常遇到的。如何能够达到双赢，协调家长和学生之间的关系，是值得所以班主任共同思考的问题。在这个过程当中，我们应该坚持的基本原则：公平、公正，为学生的发展着想，这是不能因为家长的态度而发生改变的。

案例中的老师以换走了其中的一名较差的学生为措施，获得班级里的平衡。应该说，班主任采取的是相对折中的办法。但从另一个角度来说，是对这名后进生来说，并不公平。每个孩子都有公平的享受教育的权利，座位的安排是其中的基本权利之一。保护这些后进生在座位上应该享受的权益，是班主任工作当中不容回避的问题。

案 例 二

自主选择同桌

案例现场 /

六年级了，学生们进入到最后冲刺的阶段，学习任务比较重，需要完成的作业也很多。每天，班主任李老师总是要利用课余时间给学生们补课。

一天，李老师又拿着一沓卷子向班级走去。也许是作为班主任的习惯吧，当走到班级后窗的时候，她停住了脚步，透后后窗观察学生们的表现。班级里现在上的是科学课，老

师还没下课。李老师发现很多同学并没把心思放在前面正在讲课的科学老师的身上，倒是不少人都拿着卷子在写。另外一个现象也引起了李老师的关注，很多学生都没坐在原来的位置上，都是和自己喜欢的朋友坐在了一起。

随便串座，这在班级里是不允许的。看着这样的情景，李老师不禁皱起了眉头。正在这时，下课铃声响起了。李老师走进了班级里，那些串了座位的学生像是老鼠见了猫一样，迅速地向自己的位置走去。

李老师叫住了两个要出去的学生，笑着说："怎么，不满意老师排的座位啊，都搞起了地下活动。"说着，他指指了这两个学生刚才串座的位置。听了班主任这么说，他们不好意思地低下了头。其中一个胆子大的说："老师，其实，到专科课的时候串座的现象在这个学期开始的时候就有了。我们都想和自己喜欢的朋友在一起坐着，有什么问题都可以问问，能相互商量一下。"另一个见势赶忙补充："对，李老师，不是您排的座位不好，关键是我和现在同学相处的并不太好，虽然他学习成绩好，可一旦我有什么问题问到他的时候，他爱理不理的。咱们宋春是我的好朋友，他成绩和我差不多，不过我们两个聊得来，有什么事都一起研究，所以没事愿意和他坐一桌，遇到难题研究研究也特别开心。"

听了这两个孩子真诚的话语，一个念头即随产生了。在接下来的课上，李老师提出了让同学们自主选择同桌的想法。这个提议一出，得到了全班同学的响应。就像课下班主任李老师调查到的一样，很多学生都愿意和自己要好的朋友做在一起。不过为了避免好朋友坐在一起造成纪律上的问题，通过和全班同学商量，对班级同学进行约法三章：不影响学习、不再随意串座、不因为是朋友就迁就对方的问题。一旦发现，立即按照班规处理。

分析与反思 /

在班级当中，随着年龄的升高，学生们的渐渐会不顾班主任的要求，按着自己的主意去做。相信，每个班主任都遇到过串座的现象，并不是我们安排的座位不好，而是我们还没有读懂每一个学生的心，不知道他们的心里真正需要的是什么。

案例中的李老师能够结合学生年龄的特点和需要，在班级里开展自主选择同桌的尝试。这种方法本身可取的，但随之而来出现的问题也是可以预见的。一般来说，好朋友坐在了一起，往往会干扰课堂听课秩序。李老师又和同学们"约法三章"，把"问题"的出现提到了前面，尽量将问题缩到最小化。以后真的遇到了具体的问题也有法可依，按照事先的问题约定进行解决。

不过，这样的方法相对而言，还是比较合适自主化管理比较高、自律性比较强的班级，操作起来也相对容易。采取何种方法进行座位的排列，要看具体的班级情况而言，不能一味的迎合学生的心理，失去了班主任发应有的主导作用。

案 例

男同桌的尴尬

新学期一开学，金老师就把班级里的座位进行了重新排列。可是没到一周的时间，班级里的一个小女孩张靓就来到班主任唐老师的面前告状。

"唐老师，有件事，我想和你说说。希望您不要生气。"张靓低声地说。

"说吧！"

"前两天，您刚给我们换了座，本来我是很高兴的。可是没想到新换来的李杰……真是不知道说什么好了。"张靓的表情流露着为难的神色。

见到这种情景，金老师微笑着说："没关系，你想说什么都行！"

"老师，别提了，以前我和李杰不了解，只知道他愿意和我们女同学在一起玩，也没别的。现在坐到一桌，我才发现，他比女生还女生，什么事斤斤计较，根本不像个男生。什么事都得他占便宜，心眼太多了……"张靓连珠炮似的一顿狂轰滥炸。

听着张靓的话，唐老师心里了明白了大概。他对李杰的了解更多一些，这个孩子从小就和妈妈在一起，妈妈忙的时候，就把他送到姥姥身边。打小就缺少男性的教育，养成了凡事斤斤计较的毛病，女孩子气在他的身上多了不少。

金老师让张靓先回去。第二天，他找到了李杰，和他进行了和一次比较深入的谈话，又把他调到了和班集体委一座。希望他能在大大咧咧的体委崔涛的影响也做一个宽容大量的人。

分析与反思 /

时下，由于家庭教育更多的承担者都是母亲，很多时候是妈妈围着孩子转，从小到大，从吃饭穿衣到学习等等，男孩子缺少了男人应有的气魄与胆识，倒是"小心眼"这样的习气多了许多。这里面涉及到的问题比较多，一个是家庭教育的承担者不仅仅全落在母亲一个人的身上；二是性别具体化的教育太少、太模糊，反观我们现在社会上的"反串""伪娘"大行其道，这应该说是性别教育失败的一个典型表现；三是在班级管理当中，对这样的现象作为班主任重视的还不够。

就一般情况而言，我们都是男女生搭配开来，但具体情况来看，有些男同学自私、个性的毛病恰恰需要同样是男同学的大气、宽容、大局意识来影响和感染。

金老师这样的做法是比较科学的，要让李杰同学充分认识到自己身上存在的问题，同时给他适时调换了同桌，让李杰在对比当中找到存在的差距，同时具体的榜样示范来帮助他克服性格当中的缺陷。

第三节 用好评语"传情达意"

评语是教师基于学生们的表现，针对发现的优点或问题给予适当的鼓励或提醒。从每天班主任观察到的学生生活中的每一个细节：也许是清晨走进班级的一声问候，或是拾起地面的一片碎纸，也或是课堂上用响亮的声音交流对问题的思考……每一次及时、有效的评价都可以使学生从原有的学习习惯、道德认知等等找到进步的空间。由此看来，评语是师生沟通的一座桥梁，用好评语、找到评价的准确切入点就成了一门艺术。

一、评语承载的作用

1. 方法指导

评语是帮助学生提高"情商"的最好办法之一。而首先注重的应该是对学生方法上的指导，古人常说"工欲善其事，必先利其器"。有了好的方法上的指导，做事的效果往往是事半而功倍。

一位班主任在帮助班里一名学生在总结期末考试失利时写下了这样的评语："董亮，刚刚结束的期末考试成绩一定对你有了很大的触动吧。你一定会感觉自己很冤枉，花了那么多的精力，做了那么多的题，最后却没有能取得好成绩。可是回过头想想，自己对每一次小考中出现的错误是不是并不重视，你得以炫耀的是自己做题的数量，却忘记了把每一处细小的错误都改正过来，避免以后再犯。题海战术并不可取，善于纠正错误，发现细节上的问题加以改正才是最可取的。"

评语所承载的对于学生方法上的指导不仅仅是学习方法上的点拨，也有在生活中为人处世，与人交往上方法的引领。

另一位老师在给他身边正处于困境中的学生这样的评语："张辉，这几天看到你的愁眉不展，通过老师的了解才知道，你原来是被好朋友李芳给误会了。其实你并没有把她最心爱的粘贴纸拿走，这一点老师是知道的。你不能一味地等待李芳对你的误会一直延续下去，应该主动的向她说明，别担心，我会帮你的。"张辉在班主任老师的指导下，主动坦诚地向好朋友说明了事情的来龙去脉，又重新获得了这份难得的友情。事后，班主任再一次把她叫到身边，针对她在这件事处境又一次进行了分析，让张辉同学明白了：对于自己珍贵的东西，就要拿出千百倍的勇气来争取，而不是坐享其成。

2. 认识自我

评语是一面镜子，可以让学生通过阅读老师、家长和同学的评语反思自我，找到自身存在的问题和差距。尤其是每到期末的时候，班主任老师要面向全班同学写评语，同时也要鼓励同学间相互评价，进而让学生用自己的话反思一个学期以来的成长历程。

老师："张虹，一个学期的学习转瞬即逝。看到你在运动会的上挥洒汗水，为班级争光，真让老师发自心底里喜欢；听到你在老师执教的全市公开课上的侃侃而谈，我发现了一个有思想、有见解的你。这个学期你的收获不小！如果在书写上不再'龙飞凤舞'的话，我相信你会有更大的进步！"

同学："作为你最好的朋友，看到你试卷上的因为书写被扣到了1.5分，真让人感到可惜，以后别着急，慢慢来，我会帮助你改正这个毛病的。"

读了上面的评语，相信张虹同学一定会好好的反思一下自己在书写当中存在的问题的。上面的两条评语也告诉我们：面对缺点，也不应该回避，而是用委婉的方法，在不伤害学生自尊的情况下提出。这不是批评，也不是指责，更不是生硬地罗列缺点，而是站在孩子的立场上，从孩子的利益出发，鼓起孩子改缺点的勇气，字里行间流露出对孩子的爱、信任和尊重。

3. 养成习惯

"播种行为，收获习惯；播种习惯，收获性格；播种性格，收获命运。"这句话相对每个人来说并不陌生。不过，想要收获一种习惯却并非易事，在人的成长经历当中，想要养成一种好的习惯，在获得了理义上的认知后，至少要经过三个月以上的行为训练才能定格在人的身上，在以后出现类似的事情时，才会以好的习惯加以自觉性的应会。

在班级管理当，来自各个不同家庭中的孩子行为习惯自然也是千差万别的。想要促进他们行为上的共同进步，除了要进行集体性的训练以外，更重要的就是对学生的差异化评价和指导。

在一个班级里，有一名女同学从小就喜欢拿别人的东西，并且对此不以为然，随着年龄的升高。自己也懂得了这样做是不对的，可是既然背上了"小偷小摸"这样的罪名，她也显得无所顾忌，偶尔还会表现出这样的举动来，招致了班级同学的反感。班主任张老师不止一次的对她进行教育，为了能让她认识到这种行为的错误，张老师借书每星期批评学生日记的机会，和她展开了心灵的对话。其中一次这样写道："今天看到你和几个女同学一起看新发下来的杂志《意林小小姐》，一起议论其中的精彩的故事，老师看到了格外高兴。下课的时候，我坐在前面批作业，看到你几次拿起这本杂志，看得出你对这本书格外喜欢，但你最终没有把它拿走。我知道，你的心理也在犹豫，不过你最终的选择是对的。相信下次，你也会把自己最喜欢的杂志拿来和同学们一起分享，看着你们今天的聊得那么开心，相信不久，你们也会成为好朋友的！"

经过一段时间的努力，这个同学不再犯这样的错误了。想要帮助学生养成一个好习惯，就要抱定打持久战的信念，才会获得最终的成功。

4. 树立信心

信心是什么? 是人生当中最可宝贵的一笔无形资产, 成功的人将这份资产发挥到极致, 而平庸的人将无视它的存在, 只会慨叹命运的不公, 人生的悲惨。如果一个人能自始至终都将自己看成优等生, 就会模仿优等生的行为, 时间长了, 形成习惯, 必然影响自己的心态和行为, 产生不可思议的变化, 最后真正变成优等生。可见, 树立信心是成功的第一步。学生不情愿接受老师高高在上的责备, 而企盼老师平等的鼓励。教师如果能给学生以必要的 "暗示", 满腔热忱地肯定学生的闪光点, 积极诱导, 鼓励学生百尺竿头更进一步。学生一旦获得这种 "期待感", 无异于获得了巨大的前进动力, 加倍努力, 实现目标。

"马龙, 你在老师的心中一直是最棒的, 可是你好像对自己的实力还是有点怀疑啊! 时间老人可不会等你的, 你再这样等下去, 成功也会离你越来越远的。我知道你一定在想, 咱们班里的前几名的同学从来没有被动摇过, 可是就因为这个你就要丧失机会, 展现自己吗? 拿破仑说 '不想当将军的士兵不是好士兵', 邓小平被誉为 '打不到的小个子', 每个人都有无限大的潜力, 现在就是你暴发自己的 '小宇宙' 的时候, 加油! 我等待着你成功的那一天! "

相信每一个读到上面的评语的人都会点燃自己前进的动力的, 也正为这样的, 一个老师对于学生的鼓励才显得尤为重要。

二、评语应克服的问题

1. 模糊不清, 要针对明确的个体, 针对具体问题。

还记得小时候, 我们的成绩通知单中总有一项是班主任老师对一个学期的总结, "该生热爱班级、关心集体, 能团结同学, 和同学和谐相处, 上课积极发言, 成绩优异。" 读到这样的评语, 我们看到的应该不是一个学生的表现, 大概这条评语至少合适于班级中的前十名、前二十名。多少年过去了，我们反思一下，这样的评价是不是仍旧存在于自己的日常工作当中吗？

　　评语要重视学生是每一个富有个性的独立的个体的存在。一条评语写下去，找不到一个具体学生的影子，对老师来说是又快又省事，对于学生来说呢，是不是在想：这是对我说的话吗？一个班级里，几十个学生，每一个学生都有具体的特点，尤其是现在，学生们的个性很强，用千篇一律、千人一面的文字来评价是不是显得捉襟见肘了呢？给学生写评语，不能搞大写意，而要用工笔，精雕细刻，表现在每一个细节的了解和评价上。让每个学生都能够在教师的评语当中立体起来，找到属于自己位置和特点。

　　评语要重视学生的个性化的表现。在评语当中重视了对学生个体表现的评价就为进一步重视其个性化的行为提供了基础。同样是热爱班级，"张勇，每当班级饮水机的水桶空了时候，总是能看到你第一个走过来，拿起空桶，为全班同学送来甘甜解渴的纯净水"，"李梓枫，感谢你在拔河比赛前的训练阶段，针锋相对地提出了作为班主任的错误的指挥，使咱们班级的代表队获得了年级第一名的好成绩，感谢你的勇气，感谢你的智慧。"如果仅仅是用空泛的"热爱班级"四个字就不足以来表现两名同学的不同之处。

　　评语要重视对具体问题的分析和评价。赵昱强和李意两个同学学习都很好，但不同的是，赵昱强平时处事稳重，不张扬，课堂也不太善于言辞，属于内敛型的学生；而李意同学聪明伶俐，学习成绩时好时坏，和班级里的不少同学都是"铁哥们"。考试之后，班主任老师对两位同学写下了这样两条评语："昱强，你的稳重、你的坚持不懈，让你的成绩一直稳稳地高居榜首，如果能把你的思考、你的方法分享给班里的同学，相信会有更多的同学和你一同进步，老师期待着你在课堂上自信的表达""李意，看到你和班里的同学们在篮球场上一拼高下的样子，老师真为你高兴。其实，学习和打篮球一样，只有坚持不懈的努力，一如既往的付出就一定会进步, 加油! 男子汉! "具体化的评价, 可以让学生明确进步的方向和起点。

2. 意气用事, 要克服情绪化的评价。

在每天的工作当中, 作为班主任的我们都会面对接踵而来的诸多的学生问题, 有的时候弄得自己心浮气躁, 不能冷静面对学生身上发生的事情, 作了武断的结论。当你和一个调皮的学生打交道的时候, 第一次他弄坏了别人的学具, 你会心平气和地和他聊聊, 让他知道自己的缺点; 第二次他无故把自己的钢笔水洒在了前桌的衣服上时, 你会认为他不是故意的; 当第三次、第四次……你就会渐渐失去对他的耐心。而后, 日子久了, 他所做的每一件事, 你都会认为他错在先, 进而会在评价的时候, 把所有的问题都归咎于他。真的有一天责任不在他的时候, 你也会认为他是无理狡辩。

因此, 在平时给学生写评语的时候, 一定要从事情的真相入手, 不能情绪化, 不能想当然, 不能打印象分。要让学生感觉到, 班主任给予自己的每一次评价都是发自内心、语出真诚的, 也只有这样, 才能真正的让我们心平气和的施教, 去发现每个学生的特点所在。

3. 批评或表扬不加节制, 评语的使用两极分化。

任何方法的使用都有一个节度, 适时适地的有效评价可以发挥其应有的鼓励、提醒的作用。可是, 一旦被滥用则会产生极大的负面影响。小学语文教材里有一篇很有名的《"精彩极了"和"糟糕透了"》, 说的是一个孩子的父母对待他写的同一首诗留下的不同评语。直到他成长为一名作家, 这两句话都像是两股不同的风, 保证了他人生的航船没有偏离准确的航线, 最终到达了成功的彼岸。

这个小故事给予我们的启示就是对待好学生切不可一味的"捧宠", 对待后进生也切不可一味的"棒吓"，要以发展的眼光来看待发展变化中的学生表现。

4. 没有全面了解，片面地对学生的表现下结论。

每个班级里都有四五十名学生，每个学生的特点都不一样，就如世界上没有两片完全相同的树叶一样，学生千差万别的特点也成就了班级里丰富多彩的生活。

值得注意的是，有些学生在班主任面前很听话，很会表现自己，可是一旦到了专科课的时候，就耍起了两面派，调皮捣蛋，作出许多让人不理解的事情来。一位班主任就曾经深有感受说，"我们班级的***同学，在学校里的表现简直无可挑剔，可是一带他到外面参加社会实践活动的时候，人就变了样，根本让人无法相信这是同一个学生。"由此看来，班主任应该善于倾听班里中的同学、科任老师对学生的不同评价。正所谓"横看成岭侧成峰，远近高低各不同"，没有深入的了解，片面地对学生的表现下结论，容易让学生找到老师的"软肋"，从而投其所好，耍"两面派"。

另一个值得注意的就是中等生的表现。我们期末写学生评价的时候，对那些特别好，或是特别调皮的学生都容易写好评语。那么随之而来的就是对中等生总是有些不知何处落笔的苦恼，有时候要反复想好几天也没个数，最后只好用些雷同的话草草了之。中等生不应该成为被遗忘的群体，作为班主任应该细心观察学生的表现，通过对中等生这个群体貌似平庸的表现，发现内在不一样的地方，或是学习上的暗自努力、或是特长上的与众不同、或是思维角度的新颖等等，从而避免写评语时的尴尬。

5. 语气生硬，命令性的口吻。

读读这条评语："**同学，你应该认真听讲，不能随走做小动作，让任课老师看了你表现而不愿意到咱班来上课，如果以后再不能改正的话，就让你的家长到学校来陪读。"作为学生，恐怕看到的不是一条温馨的，带有希望的评语，而是一道带有命令口吻的通缉令、恐吓令。

老师和学生之间的不是警察和小偷的关系，也不是司令和士兵的关系，更不是主子和奴才之间的关系，学生是具有独立思想意识的，具体完整生命形态的人，因此应该两者之间应该是朋友关系，在表达对学生期待的时候，以商量的口吻来体现师者的愿望会收到更好的效果。"李明，你愿意把每节课上自己的学习成果与大家共同分享吗？其实，知识只有通过分享才会有意义。老师可不愿意看到一个沉默、孤独的你，我愿意听到你令人耳目一新的表达，我在期待啊！"想想，如果你是李明同学，读到了这样的评语，哪一位不会为之动容。怎么会不愿意把知识与别人共同分享呢？

心理距离缩短了，学生自然而言的就会乐于接受老师的教育，正是"亲其师而信其道"，之后的教育自然也是水到渠成了。

案　例

比学习更重要的！

——谈晏惟学的性格转变

"老师，开学至今晏惟学的变化非常大，进步明显，在家的表现也不错。我非常的欣慰。我不知道用怎样的语言来表达，孩子的自信心强了，感谢老师，您费心了。"这是前不久，我接到的晏惟学家长发来的一条短信。收到这条短信，不由得使我回想起了刚刚接班时候的那一幕。

刚接班后，我就按惯例，把学生们重新排座。一个个子不高的男孩儿坐在我的面前，看着他，我笑了，一双大眼睛，扑闪扑闪的，看了很叫人喜欢。可是，渐渐地，我发现了，他并不想我想象当中那样开朗活泼，似乎眼神中总是流露着一丝不安与难言的惆怅。过了一些日子，他的爸爸来找我，向我道出了其中的缘由。原来，他和很多孩子一样，在爸爸妈妈情窦初开的时候，就孕育了这个小生命，可是两个人的真正结合却没有持续多久，便走向了分手。这也导致了这个孩子对家庭温暖的缺失。似乎生活的朗朗阳光并没有照进他的心房，恰是阴郁的愁云一直笼罩在心头。他的爸爸一直托付我，"学习能学什么样算什么样，能让孩子在班级里有两个朋友，能开朗点，比什么都强。"看着一个父亲，那无奈与自责，与那深深的托付的厚重表情，我接受了他的请求。

进一步细心地观察这孩子，我发现了，他时常会自言自语，总是自己坐在座位上哼着时尚的歌曲。于是在课下的时候，我便和他聊聊天，我问他："你平时都和谁一起玩啊？"他小声地说："没人，我以前和田胜俊玩，现在他转走了，我就自己玩。""自己玩，那怎么玩啊，多没意思？"我追问道。他眨了眨眼睛，"没什么，挺好的！"他的这番言辞在现实生活中得到了验证。一次，学校因为停电，铃声没有响，学生们都是一个个口耳相传转达回到班级开始上课的。只有他一个人在快到下课的时候才回来了。原因就是他一直自己玩，没有人看到他在哪里，也没有人通知他上课的时间。

为了帮助他转变现在的生活，我暗地里找了几个学生要他们带着晏惟学一起玩。不过几个孩子总是反映，晏惟学根本不搭理他们。没办法，我只好继续鼓励他们，要他们把这个工作持续下去。同时，为了让他开朗起来，我每天都和他聊聊天，有时候会抱抱他。一开始的时候，他总是显得很羞涩，我主动抱他。后来时间长，我就让他主动抱我。这个小动作足足练习了将近一个学期，才有了点起色。没事的时候，我还会让他给我讲个笑话，和他聊聊新近有什么流行的歌曲。

结合平时的表现，我和他开始了日记里的对话：

"惟学，今天的课堂上，你可真棒，敢举手发言了，这可是你送给老师的一份大礼，真希望每天都能看到你高高举起的小手，加油，小伙子！"

"惟学，听咱班同学说，你现在有了新朋友了啊，真好！和好朋友在一起玩的快乐吗？有句话说'朋友是人生一笔宝贵的财富'，希望你在这方面是个'大财主'，对了，老师也能成为你的朋友吗？如果愿意，明天记得告诉我。"

"惟学，这几天没看到你妈妈来接你了，她是不是回广州了。不管她走到哪里，她的心一直都陪伴着你。你也要做一个坚强的男子汉，给她带去惊喜。不要让妈妈失望哟！"

……

随着时间的流逝，一个学期的时间过去了，晏惟学的性格有了很大的改变。能和同学们一起玩了，上课也会举手了……真是让人看在眼里，喜在心头。

分析与反思 /

爱因斯坦说："优秀的性格和钢铁的意志，比智慧和博学更重要，智力的成熟，很大程度上是依靠性格的，这点往往超出人们通常的认识。"因为性格影响渗透个性的其他部分，改变气质的消极部分，巩固发展积极成分。当我们的家长过分的关注了学生的学习成绩，而忽视了孩子性格培养的时候，那么这个孩子终生都不会得到幸福的。

案例中的班主任能够积极和孩子交朋友，蹲下身来，亲近这样一个心灵孤独的孩子。尤其值得一提的是老师每天留下的来的评语，就像是一条清澈甘甜的泉水留着了这个孩子的心中，给他指明了做人的方向，前进的动力和面对困难的勇气。

案例 🎓

2001年4月，一位署名端木的家长在《中国青年报》上发表的文章《中美教师对一个孩子的不同评价》。这个家长的女儿在中国念书期间，被老师评价为"没有数学脑子"，后来直至产生了厌学的情绪。无奈之下，这位家长把女儿送到了美国去。在美国学习期间，他的女儿在学业和综合能力的发展上取得了较大的进步。在后来申请托福期间，女儿得到了四位老师的推荐信。现摘录部分如下：

法语老师的推荐信

斯蒂芬去年10月到沙龙高中读书，我教她法语。法语对她来说是一门全新的课程（她的第二外语），同时她不得不掌握英语（她的第一外语）。

她在沙龙高中的第一周，就问是否可以放学后留下，让我教她以前没有学的功课。令我惊奇的是，斯蒂芬在一个小时内就都学会了。她不时地展示她的语言天赋，在班里成绩最好（从开学第一天起，她的分数没有低于A的）。她对细节和微妙的语法差别有敏锐的目光，能成功地记住新词汇并在文章中创造性地运用。斯蒂芬学习勤奋、自觉，总是认真完成作业，以自己的努力和精确超出我的预期。

斯蒂芬是成熟、友好的女孩。她在小组中做得也不错，我经常看见她给同学讲解难题。另外，我们课下经常交谈，她既和我分享她的经历，又喜欢问我有趣的问题。

我相信，斯蒂芬在大学里会继续在个人学术方面取得进步，获取成功。她是宝贵的财富。我毫无保留地推荐她。

凯瑟琳·M.特纳

英文老师的评语

斯蒂芬从不在没有准备的情况下进行学术辩论。她的准备总是全面而准确。斯蒂芬付出的代价是时间和努力，这在她优秀的作业中有所反映。

斯蒂芬不仅仅是学术机器，她对学习感到兴奋。有的学生仅仅是搜集信息，而斯蒂芬在探索智慧。她所做的是把不同的想法结合起来，把众多概念放在一起。她不怕在解决难题时碰壁。我很喜欢像她这样有毅力的学生。她能适应高水平的大学学业吗？我以性命担保她行。对此，一秒钟都不应该怀疑！

人格的力量，这就是全部。这就是麦粒和谷壳的区别，这就是斯蒂芬的内在。不自负，不自私，不虚伪，她是积极向上的女孩，能够明辨是非。

斯蒂芬勇于对自己的行为承担责任，她知道如何关心别人，她不贬低别人，也不利用别人。她尊重人，对人公平、体贴。她具有人格的力量。

约翰·C.科林斯

端木在文章的最后写道：读完这些老师极具个性的评价，那个"没有数学脑子"的、只能上文科班的、垂头丧气感到"厌学"的女儿，消失了；取而代之的是一个看起来正全面获得进展、甚至有点出类拔萃的女儿！仅仅三、四个月过去，女儿的学习状态和自信简直就像换了一个人，是什么起了如此奇妙的催化作用？ 我想说，是不同的评价标准使然！处在学习过程中的学生就像一杯没倒满的水。在中国老师这里，通常看到"一半是空的"；而在美国老师那里，却总是看到"一半是满的"。

(以上截选自人民网2001年8月22日《中美教师对一个孩子的不同评价》http://www.people.com.cn/GB/guoji/25/95/20010822/541242.html)

分析与反思

抛开文化背景不说，每一个孩子都享有获得教育的权利，这一点中美两国应该说差异并不大，尤其是通过多年的努力，义务教育的普及已经在很大程度上提高了中国各阶层学生受教育的机会。那么在这个基础上，我们思考的是：中国两国的孩子从教育中所获得的幸福感是否一致呢？通过上面这个案例，我们会发现，湮没在书山题海里的中国教师已经被高考的指挥棒压得失去了发现每个孩子亮点的心情和兴致，这也使得我们的学生蒙受着心理扭曲与自信丧失的蹂躏。有时候，只是我们一时的评价就可能埋没一个天才的成长！因此，在读到了上面的内容后，引发我们进一步思考的是对于现行的评价的方式以及评价的取向、语言的选择等的改革，我们还有很长一段的路要走，从小小的评语入手去发现人才，培养人才的工作，每个老师都义不容辞。

班集体活动是班级教学活动以外的，为实现教育目标，在班主任和任课老师的指导下，集体参与的，坚持以集体主义价值为导向的，有目的，有计划，有组织的各种教育活动。它是建设良好的班集体的重要组成部分和最重要的内容。

班级的共同努力目标要靠班级每个成员参与共同的活动而实现。班集体的形成，需要通过一系列的教育活动，而集体活动的有效开展，可促进集体目标的实现，从而增强集体的凝聚力，对学生综合能力的培养也起着促进和推动作用。因此，班主任恰当地选择活动的时机，开展新颖多样，丰富多彩的班级活动，能从各方面促进学生的成长。

第一节　开展班级活动的重要性

开展有意义的班级活动，这就是教育的艺术，更是艺术的教育。有意义的班级活动会给学生带来无限的乐趣，影响着每个学生的一生，使学生的理想、情操、品德在潜移默化中不断升华，智慧、才干不断提高，知识不断丰富。

1. 活动促进学生身心健康的发展

小学生的生活应该是丰富多彩的。可是，应试教育的压力，导致现在的孩子，从一年级开始，就成了学习的机器。不仅要完成8小时以内的在校学习任务，周末也被家长送去各种特长班、课外班的学习。过多的学习任务剥夺了孩子们"活动"的权利。可是，青少年正处在长身体、长知识的时期，如何满足他们生理、心理的需求呢？班主任适时、适当地组织开展班级活动显得尤为重要。

通过多种有组织的活动，可以锻炼身体，增强体质，也可以增长知识，提高学生的认知能力。在活动中，他们需要接触许多的人和事物，并从中获得知识，开阔眼界，增强思考能力。不仅要动脑想，还要动口说，动手做。比如，在五年级，可以开展这样的活动——"这周我当家"个有理财小能手的评比活动。在限定的资金范围内，谁能将钱花得更合理呢？首先，要对家庭一周的各项消费做一个调查，按照调查来的数据，拟定一个理财计划，接着，学生为了更合理地支出家庭各项费用，需要身家庭其他成员妈妈或者爸爸征求建议，最后，将一周的消费支出进行统计。整理个活动过程中，学生不仅得到了学习、锻炼的机会，提高了实践能力，也从当家的一周中，体会到了父母挣钱养家的辛苦。这种"润物细无声"地教育，在活动中对学生产生了潜移默化的影响，使他们的身心得到了健康的发展。

除此之外，学生在班级活动中，他们的个性也逐渐形成了。在整个集体当中，每个学生都有不同的个性，也只有在集体活动中，他们的个性品质、兴趣、才能等会得到表现，并在活动中得到巩固、发展和调整。性格内向的学生，在周围同学的带动下，由于参与了活动，平时不被注意的另一面被挖掘出来，充分展现了自己的特长，成为了过程活动中的"主角"，从而得到了同伴们和老师的认可，大大激发了他们的自信。几次活动过后，由于某种原因其智慧和特长得到了发挥，变得活泼、开朗、广交朋友，成为了班级活动中的活跃分子。而有的学生，平日里虽然热情，但做事不够踏实，也缺少持久性。那么，班级开展的那此系列主题活动，布置的长作业等，他们主动申请承担较复杂的任务，从而成为活动中的重要角色，通过锻炼之后，也可以变得比较冷静、踏实。

不少我们曾经教过的学生有过这样的感受，回想起小学的生活，至今仍然在脑海里回荡的，并不是老师的教诲，也不是某节公开课，更多的是在活动中体会到的快乐和感受。在去实践基地播种时，体会到了农民伯伯播种的辛苦；在去北山烈士陵园祭扫活动中，体会到了今天幸福生活来之不易；在那次小组大绳比赛过程中，体会到了与人合作的快乐……在每一次活动中，都能得到锻炼和成长 ，每一次活动,也都是对心灵的一次洗礼。

2. 活动促进学生智力的开发

班集体活动的开展,不同于平日里的教学,它是不受教学大纲、教材的限制的。班级的学生可以根据自己的兴趣,爱好,特长等自行选择并确定活动的内容。在活动中,他们需要查阅大量的资料,遇到不理解的地方,还需要向同伴,老师及家长请教。另外,一些社会实践活动,使他们广泛地接触社会,接触自然,锻炼了他们收集信息、处理信息,整合信息的能力,扩展了已学知识的广度,开阔了视野,扩大了知识面,提高了自己的能力。所以,开展班级活动,推动了学生的智力,催化了学生的智力,拓展了学生的智力,并能启动学生的智力的潜质。

比如,大多数的学校都曾举办过艺术节。在艺术节中,有演讲、英语故事,集体舞表演,数学思维大比拼、美术作品展等。每一年的主题都有所改动,那么班级里的每一个学生,都要根据自己的特长爱好,主动申报,自由组合,完成其中的一项。通过展示,大家互相观摩,互相学习,互相促进,同学们的智力水平必然会得到提高。那么,在每次参加学校活动中,因为有了同学与老师的指导,他们的能力都得到了强化,水平得到了进一步的提升,为他们下一次参加比赛奠定了坚实的基础。长此以往,学生们从活动中,学到了别人的长处,根据自己实际情况进行调整,改进,真正实现了活动为我所用,在活动中增长智慧的目标。

3. 活动培养了学生的创新能力

"处处是创造之地,天天是创造之时,人人是创造之人。"这是著名教育学家陶行知老先生的名言。创造力是一个民族腾飞的基石,一个国家振兴的底蕴。我国是一个发展中的国家,为尽快实现建设强国的目标,就必须高扬创新的大旗,培养更多的优秀的创造人才。班级是学生学校活动的中心,也是培养学生创新能力的主阵地。

作为与学生接触最多，工作在教育最前沿的班主任，应该在组织和开展班级活动中努力焕发学生的创新意识，培养学生的创新能力。为此，教师应该根据班级学生的特点，为学生提供创新的氛围，契机和空间，在活动中，鼓励学生从中多思索，探求，创造，从而实现对学生创新能力的培养。

在学校进行的众多活动当中，最能体现学生创新意识的，就是班级的综合实践活动。这种活动，体现了学生"探究学习，参与学习，实践学习"的思想。从不同角度来看，学生运用已有的知识和技能，结合新环境，新认知，开启新思想，新创造。通过自主参与，小组合作等方式，实现了生生的合作。相比之下，它比学校或者老师固定安排学生参加一些活动，效果要好得多。

4. 活动增强学生的社会实践能力

在众多的班级活动中，社会实践活动占有一定的分量，它是联系学生与社会的桥梁，对培养学生的社会意识，公民意识和社会责任感，具有其他教育形式不能相比的意义。就其形式而言，它包括各种社会实践，社会体验和社会调查等活动。

这些实践活动，把学生从枯燥的课本中解放出来，让学生们走出了封闭已久的校园，展现在他们面前的，是另一个崭新的世界。他们在社会实践中见世面，经风雨，长才干，各方面都得到了锻炼，更让人欣喜的是，学生们不仅精神面貌发生了变化，班集体凝聚力也越来越强。

现在的孩子，久居城市，对农村生活根本不了解。特别是有个别孩子，到市场去，连青菜的种类都认不全。如果能够亲身体验一下农村生活，相信是一次很不错的社会实践活动。学校可以根据自己的实际情况，组织活动。比如，二实验小学，在国庆节前夕，大队部就组织了一次五年级学生与农村学校手拉手活动。容除了参观农村小学的校舍，还有重要的一项活动，就是与那儿的孩子一起，到田地

里采摘，然后到农户家里自己用采摘的蔬菜做饭吃。

这是城里的孩子第一次到地里掰苞米。起初，孩子们掰下一棒非常费劲，后来，在农村孩子的指导下，不一会，这群城里的孩子也能轻松自如地掰下来了。接着，又要去地里扒土豆。这可是一项技术活，弄不好，工具就会把地里的土豆弄坏。为了增劳动的乐趣，孩子们在班干部的组织下，分成小组进行比赛，看哪个小组在规定的时间内，能把小筐装满。在一阵阵呐喊声，孩子们的采摘热情一下子高涨起来。加油、加油……听，地的另一头，第四小组欢呼声一片，他们第一个扒满了一筐土豆。接着，孩子们又到农户家里，一起动手做饭。一个小时之后，孩子们一起围坐在桌前，那煮熟的玉米、土豆，冒着香气，还有那香喷喷地炒鸡蛋，还有什么比洋溢在孩子们脸上的笑容更珍贵呢？

孩子们在这次实践活动中，不仅体味到了劳动人民的艰辛，也在比赛中，品尝到了劳动的快乐。没有集体的合作，哪能收获那份独有的甘甜呢？

这样的社会实践体验活动，为学生进行社会交往，社会角色学习创造条件，训练学生初步掌握人际关系的道德准则，学会与其他同学和部分社会群体交往，建立良好的社会人际关系，为他们长大后步入社会，更快地融入社会，参与社会活动，充当好符合自身的社会角色，履行社会责任，成为合格的公民奠定好基础。

第二节　选择恰当的时机开展活动

活动是组织的粘合剂。一个优秀的班集体，除了拥有良好的班风，优异的成绩，开展丰富多彩的活动也是其重要条件之一。形式多样的活动，可以使班级成员的个人目标同班级目标逐步整合一致，使班级成员之间的关系更加和谐。那么,作为班主任,恰当地选择开展活动的时机,使每一次活动既丰富了学生了生活,又达到了一定的教育目的,这是至关重要的。通常情况下,作为班主任,可以利用以下时机开展活动:

1. 系列性主题班会

班会是班级活动的常见形式。据了解,多数学校的班会通常都固定在每周的周一或周五开展,时间就是一节课。由于班会时间的限制,有很多主题无法在40分钟内充分完成。所以,我们班主任可以尝试把一个主题分成若干次来进行,这就是所谓的"系列性主题班会",它是班会的常见形式。班主任进行这样的班会前,在安排进行的前后顺序以及内容的层次性、伸展性上,应该是有计划、有目的的,应该是符合学生认知规律和心理变化特点的。

比如,小学的一二年级,我们可以进行"行为习惯教育"为主题的班会。大致可以设计以下几项内容:"了解小学生日常行为规范"、"学习校园一日常规"、"做一名文明的守纪的小学生"。关于行为习惯,从最初的理论了解,再到后来的行为实践,层层递进,由浅入深,使行为习惯训练不再只是说服教育。随着学生的年龄增加,在三、四年级的学生当中,可以开展"学习习惯教育"。这个年级的学生已经具备了初步自学的能力,但是,大多数学生仍不能掌握正确的学习方法,教师可根据自己班学生的实际情况,开展"培养良好的倾听习惯"、"好的阅读方法有哪些"、"如何高效的完成家庭作业"等系列主题队会。到了高年级,比较早熟的孩子已经提前有了青春期的特征,有了自己的小秘密,嫌家长过于唠叨,不能体会父母和老师的一片苦心,这时,班主任可以进行情感系列教育,可以围绕"了解、热爱、尊重"这一主题,让学生从了解开始,再谈热爱,直到尊重。开展了"我眼中的妈妈"、"妈妈,请听我说"、"理解是双项的"等主题班会,在开展这些主题班会的基础上,让学生了解母亲,热爱家庭,尊重长辈,然后再上升到"了解同学、热爱集体、尊重师长,再到"了解社会、热爱祖国、尊重人民"。

这种有计划、有目的、分系列的、化大为小,化空为实的开展主题班会,远远比高浓缩、高概括、空对空的喊口号的效果要好得多。

2. 活动性班级活动

玩是孩子的天性,也是最受学生们喜欢的一种活动。活动性班级活动多以"玩"的形式出现,这种活动的场所基本上都是室外,以玩为主,玩中受益。班主任在组织这样的活动之前,一定要先在班级里给学生讲一讲开展活动的主题、目的,启发引导学生在活动中去探求真、善、美。同时,在活动的时候要多次给学生讲"玩"的意义,教学生会玩,引导学生在玩中观察生活、激发感情,不断增强对生活的热爱与追求。比如在校内进行的"拔河比赛"、"跳绳比赛"就属于这类活动;还有需要到校外开展的活动,如"爬山活动"、"郊游活动"、"夏令营"、"冬令营"等也都属于活动性班级活动。当然,同样的活动,到校外去能够使学生进一步接触社会,增强学生的社会实践性活动,但与校内的活动相比,班主任在组织上要多费些力气,而且要承担一定的风险,学生的安全问题不容忽视。不过,只要组织前做好周密的计划,强调到位,校外的活动,往往会收到意想不到的效果。

3. 知识性班级活动

知识性班级活动是学生课堂学习的补充与延伸,是学生个性发展的良好园地。在这些活动中,不仅使学生获得了课本以外的知识积累,更重要的是,提高了他们收集信息,处理信息的能力。使他们学习科学、热爱科学、使自己的兴趣、爱好、特长、能力得以发挥。寓教育于知识中,不拘形式,有利于学生的个性发展。比如参观、访问科技场所或院校,听专家讲座,开展知识竞赛等都属于知识性班级活动的范畴。

4. 节日性班级活动

一年有好多节日,这样好的教育时机是不能错过的。比如新年、春节、清明节、端午节、中秋节、教师节、五一、十一、母亲节、父亲节……开展节日性活动可以使学生同时接受学校、家庭、社会的三重教育,促进学生道德品质、知、情、意、行各种要素的全面发展。节日是重复出现的,但是我们的活动不能重复。在开展活动时,班主任要注重采用多种形式,不落俗套,吸引学生,从而使他们乐于参与,获得收益。要不落俗套,年年翻新,给学生一种新鲜感。

5. 教育性班级活动

为了解决班里出现的一些实际问题,我们也可以组织一些教育性、针对性强的班级活动。比如什么就餐文明礼仪、早恋问题、抄作业问题、泡吧问题等。这样的活动质量要求较高,班主任要能及时的抓住班上的思想动态,要备好课。一般要班主任老师亲自备课,亲自主持,内容要集中,材料要丰富,语言要生动有力、有感染力,要能够吸引学生、打动学生。只有这样,才能达到预期的效果,加强德育的实效性。

张老师最近很头疼,班级的午餐秩序实在不容乐观,不仅盛饭时乱成一团,排队的学生有说有笑,盛饭结束后,教室前面踩得满地都是饭粒,菜桶周围也都是菜叶,给中午的值日生带去很大麻烦。怎么办呢?张老师灵机一动,有一天中午,她趁学生们不注意,偷偷地把午餐时吃饭的情形录了下来。每周五下午第一节是班会课,原本还吵闹的教室,当看到视频时,忽然安静下来了。学生们看见录像里自己盛饭时争抢的情形,不禁沉默地低下了头。张老师趁机说:"孩子们,原本干净、整洁的教室,在一顿午餐之后,变得一片狼藉,此时,你们一定有话要说。"

劳委张权第一个站了起来:"老师,我有一个办法,每天一个班干部当午餐值周长,由他点名盛饭,没盛到的同学可以在座位上看书。"话音刚落,班长王一泽也站了

起来："老师，其实在盛饭时，也可以放点轻音乐，或是同学们喜欢听的歌曲，那样既可以调解气氛，也能使同学们用餐愉快。"接着，"调皮大王"王位站了起来，"老师，我先检讨自己，平时盛饭不仅争抢，还不排队。咱们可以制定处罚措施，不排队或是吵闹的同学，就让他最后一个盛饭或者帮助值日生值日。"班级里的学生接二连三地站了起来，不仅找出了自己在就餐时的不足，而且也想出了许多改变班级就餐秩序的好办法……

原本是让人头疼的事，可是，经过了张老师一节"预设"的班会，彻底改变了班级的现状，让学生自己制定班规，从而约束他们自己，使约束力达到了事半功倍的效果。看来，只要抓住开展活动的契机，就能有的放矢，有效地解决学生们生活的实际问题。

6. 及时性班级活动

及时性班级活动是指活动计划没有安排，但是又偏偏遇上了好的教育机会。这个时候我们就要抓住时机，趁热打铁，充分发挥教育智慧，挖掘及时性教育的魅力。笔者曾经听过全国优秀班主任——"任小艾老师"的报告，她曾经讲过自己一件这样的案例。

案 例

任小艾老师在北京119中学任教，她所在的中学地处北京郊区，是城乡结合部。当地流传着这样一句顺口溜"119中学门朝北，不出流氓出土匪。"可见，这个学校的文明礼仪教育的开展该有多难。但是，十年以后她们学校门口挂上一块大的《北京市文明单位》的牌匾，而且她们的校长对来宾介绍这块牌匾时总要说，先要从任小艾那个班的一个女同学说起呀。

这是怎么回事呢，事情是这样的。任老师教一个班才两个星期，有一天她在楼道里看到了一个女同学，戴着红领巾，向她打队礼，然后立正站好，说，"老师好"。她当时特激动，你想，在这样的学校中，这样的风气里，能对老师讲文明礼貌，多么不容易。任老师当时想的是，如果大家都能这样做该有多好啊，于是她的教育灵感马上来了，她到商店买来当时同学们最喜欢的文具，然后又到政教主任那里借了一张奖状，并用毛笔写上了"文明礼貌标兵"的字样，还盖了政教处的章。第二天早晨，她一手拿奖状一手拿奖品，进了班级，当场表扬这个同学讲文明懂礼貌，有修养。还一并表扬了她的家长和小学老师，说是"小学老师教育得好，家长教育得好"，并且要亲自给她的"小学班主任"和"家长"各写一封感谢信，感谢他们教育了这么好的孩子。然后郑重地给这位女同学颁奖，祝贺她成为本班的第一个文明礼貌标兵。当这个女孩到前面领奖的时候，双手接奖，还对老师鞠了一个90度的躬，说"谢谢老师！"。

任老师又抓住这个教育时机，大加表扬，她说，"她真不愧是文明礼貌标兵呀，她怎么接的奖"。就这样，本班同学的讲文明礼貌的热情被调动了起来。后来，科任老师都说，"任小艾，你们班的学生跟别的班的学生不一样，连拿卷子都用双手拿。"还有的科任老师说，"任小艾，你们班的学生今天怎么了，见了我行了8回礼。你回去跟他们说，挺累的，不用老举手了，就叫一声'老师好'我就知足了。"后来，校长又抓住这个时机在全校开展"文明礼仪班"评比活动，在全校掀起了"讲文明懂礼仪"的热潮。

就是这么一个小事，抓住了教育时机开展班会活动就取得了这么大的效果。可见，一个能够抓住教育时机的班主任，对于学生个体的成长、对于班集体的建设、对于学校教育有着多么积极的影响。作为班主任要有一双善于发现的眼睛，要能够抓住教育时机及时的开展班级活动，抓住教育时机进行的教育往往能产生事半功倍的效果。

开展班级活动, 很重要的一个目的就是培养有创造性的一代新人, 通过活动使他们增强追求理想的动力和探求知识的引力, 培养观察、想象、分析事物的能力和坚忍不拔的毅力。所以, 我们要适的给学生提供自己设计活动、自己组织活动的机会, 有意识地培养他们的创造能力, 不要因为怕他们做不好而不敢放手, 只有充分的信任, 才能激发学生主动意识的火花, 从而实现在活动中锻炼学生的目的。

可见, 恰当地选择开展活动的时机, 不仅能对学校的教学工作起到有利的补充, 而且丰富了学生的课余生活。它为每个学生创造了表现自己的机会, 发挥了他们的特长, 让每个孩子看到了自己的价值, 为学生的终生发展奠定了坚实的基础。

第三节 "编筐编篓贵在收口" ——做好活动总结

班级开展活动后, 班主任应该立即进行总结讲评, 这是班级活动教育性原则的要求。一句俗话说得好: 编筐编篓, 贵在收口。及时, 有效的活动总结, 不仅能够使学生明确活动的目的, 而且对于活动产生的效果, 起到了有效的补充作用, 真正实现了事半功倍的效果。

一、活动是否实现了设计的目的

要使班级的活动取得成功, 班主任不仅要对班级活动的内涵、形式、意义有充分的认识, 而且还要掌握班级活动的方法与步骤, 对活动方案进行精心的设计。那么, 一次班级活动的开展, 是否实现了最初的设计目的呢? 我们可以从以下几个方面进行总结：

1. 是否突出活动的时代性

每一次开展班级活动，要扣紧社会，扣紧教育改革，要抓住时代脉搏，抓住时代特色，贴近学生的生活，接受社会，使活动不出现与时代脱节的现象。特别是信息高度发达的社会，学生对于新事物的接受，已经远远超出了我们的想象，这就要求我们教师，在设计活动时，顺应社会发展。

比如，每年一次的清明节，学校除了会安排学生去扫墓之外，还会利用班会时间对学生进行爱国主义教育。如果班主任还是一味地去和学生讲，当年的红军长征如何艰苦，战场上如何奋勇拼敌，一遍又一遍地讲述曾经的英雄，并不一定能够更好地达到教育目的。因为现在的学生对那个时代相距太远，了解的又太少。我们空洞的说教要向革命先辈学习，学习他们热爱祖国，热爱人民的精神，就很没有说服力。现在"刘翔"、"李雨春"、"刘德华"已经进入了小学课本，学生关注"周杰伦""姚明""成龙"甚至胜过关心自己。我们完全可以从这些素材入手，挖掘他们光环后面属于道德范畴的东西，他们对事业的追求与执着，他们对公益事业的关心，他们对自己祖国的热爱，他们的良好的道德口碑。有时代感的、贴近学生生活的内容，才能激发学生的兴趣，才能使活动取得良好的效果。

2. 是否体现学生的自主性

真正的班级活动应该以学生为主体，充分发挥学生的自主性，能动性，一旦离开了学生的主体地位，班级活动就成了"班主任活动"，那么，它对学生的教育意义了大打了折扣。

班会是班级活动最好的组织形式，也是对学生进行教育的最佳途径。在一节班会中，如何最大限度地发挥学生的主体地位呢？

首先，确定班会的主题。除了按年级德育目标确定主题外，还要结合本班个

体组合表现出来的特点来确定班会主题。

其次，班会的形式，方法要根据学生的心理年龄，特点并结合本班实际情况选择生动，新颖，丰富多彩的形式，以满足学生的参与欲望。对于采用多种形式，班干部一定要先向班级全体动员，以小组为单位，组长负责，每个成员都献计献策，然后班干部，积极分子负责选题，确定形式，方法，其他学生刚分工合作，收集资料，最后班主任对其选择内容进行审核，提供意见。

再次，要尽量保证学生参与的公平性。要充分考虑各个层次学生的兴趣，特长，充分做好"中间层"学生的思想工作，让其尝试参与，培养、挖掘他们的潜能，防止主题班会变成少数学生表演的舞台。

案 例

《群星璀璨·我爱我家》班会

一、活动目标：

1、借助于班歌、舞蹈、相声、诗朗诵等方式在学生的心中播撒"爱集体"的种子，感受作为集体中一员的骄傲。

2、明确只有从生活中的点滴小事做起，才是真正的爱集体，只有大家共同努力，这个集体才会成为他们最温暖的家。

二、设计特色：

1、目标明确，注重实效。

2、学生为主，教师为辅。

3、形式多样，精心选择。

三、活动准备:

1、成立以班干部为核心的筹备小组,围绕主题进行分工,布置落实任务。

2、把任务分配给全体学生,动员学生围绕主题分头搜集资料(包括文字资料、图片资料、音像资料等)

3、根据资料,在班主任老师的指导下,编排相关节目(如:诗朗诵、相声、舞蹈等)

4、确定节目主持人,主持人对主题班会的各个环节做好衔接工作,以确保班会活动的顺利进行

5、准备活动用具(如:录音机、电子琴、图片资料等)与场景布置(黑板的美化、座位的调整、一些小摆设等等)

四、活动流程:

1. 班规班训,齐唱班歌

班会伊始,当班长宣讲完本次班会的主题后,学生以小组为单位,汇报班级的班规、班训。

2、集体有我,相声来说

相声:《我爱我的班集体》

3、爱在我家,群星闪烁

舞蹈:《爱在我家》

4、诗歌齐颂,传递友谊

诗歌朗诵:《我们是同班同学》

5、照片回放,永存记忆

播放照片

上面的这节班会，就是笔者班级曾经开过的一节班会。无论是节目编排，还是整个班会的稿件收集，整理，都是学生自己完成的。而班主任在这里，只是起到了监督，指导的作用。著名教育家陶行知先生曾经说过，最好的教育是教学生自己做自己的先生。任何活动的开展贵在自主，自主自动是班级活动的生命线，班级各种活动，就应该由班级成员自主设计，自己组织，自己实施，学生们只有"活"起来，"动"起来，才能确保活动的愉悦性和创造性。学生们一旦成了活动的主体，既能充分尊重他们在活动中的小主人地位，又能使他们在实践中自我锻炼，自我教育，实现活动的最终目的。

3. 是否凸显活动的趣味性

学生天真活泼，好奇爱动，班主任要在活动的"趣"上做文章。这就要求班主任老师在设计活动前，必须让活动的内容与形式适合学生的年龄需要、心理特点。唯有如此，才能抓住学生的动情点，使他们自然而然的投入到活动中来。丁榕老师给我们提供了一个好方法，那就是"要用学生的大脑去思考，用学生的兴趣填补自己兴趣的空白，用学生的情感体验情感，把学生的困难当成自己的困难，把自己的需要转化成学生的需要。"只有这样，我们组织的活动，才能真正实现激发学生的兴趣点，从而调动起学生的积极性，让学生乐于参加活动，让活动成为学生学习生活中必不可少的"调味剂"。

4. 是否呈现活动的创新性

每次班级活动要新颖、独特、别具一格。班主任的思维要活，内容要活，形式也要活。否则，即使是再好的教育内容，也会因为形式的了无新意而大打折扣。这就要求我们班主任老师在开展活动时思路要"活"，要"敢想"，更要"敢做"。随着科技的不断进步，班级活动手段也要不断地手段。多媒体教育技术和网络技术的出现给班级活动方式、手段和条件的求变带来了拓展的空间，提供了改革创新的机遇。就目前而言，班级活动手段的创新主要表现在：(1) 优化传统的活动手段，使其更贴近学生的兴趣需求；(2) 在班级活动中采用多媒体教育技术和尝试运用网络技术。总之，开展班级活动，要不断创新，这是新时期教育教学重要环节。作为班主任，要在开展班级活动过程中，举一反三，灵活多变，不断推陈出新，突破陈旧观念，让学生真正做活动的主人，使学生终身受益。

5、是否实现活动的实效性

所谓的效性，其实就是指班主任在开展班级活动以后，是否及时解决了班级出现的一些问题，能否让学生通过活动，真正地实现了自我教育。首先，班主任在班级开展活动时，要关注现象、注重细节、整合资源开展活动，才能使学生感动、内炼，德育教育才具有实效性。其次，抓住教育契机开展活动能够收到事半功倍的效果，但是抓住契机进行教育的内容要与我们当前要解决的问题相结合、与学生的培养目标相结合，这样可以避免教育的随意性。再次，教育契机只是进行教育的切入点，怎样进行教育需要教师有缜密的思考和一套完善的措施，这才是教师教育智慧的体现，才是提高德育实效性的保障。

二、活动是否很好的利用了教育资源

随着我们教育理念的不断更新和主题活动的不断深入，学生们获得了越来越多的走出课堂的机会。作为一位班主任，在开展任何一项活动时，都离不开学校、家长、社会的配合与支持。在活动中，充分挖掘各种活动资源，并且有效地渗透社会性行为的培养。只要教师及时去捕捉、开发、组织、引导，就能弥补教育活动的单一封闭。学校与家庭、社会三方共同配合开展各种活动，只要合理利用资源，那么班级活动将呈现出百花齐放的情景。

在开展班级活动中，班主任千万不要忽视一个重要的群体，那就是和我们共同承担教育责任的家长。家长资源是一块宝地，如何在活动中利用好这块宝地，使其发挥出更大的作用，是我们教师应该挖掘和探索的。

比如，在班级开展"亲子阅读"这项活动，收益的不仅仅是孩子，家长也在参与的过程中享受到了阅读的乐趣。同样一本书，不同的人有不同的体会。每个寒假，暑假，我们都可以给学生布置一本必读书，不仅要求学生认真阅读，也要求学生的家长陪孩子共同阅读这本书。开学时，我们可以先让学生在班级交流阅读感受，然后再请几位家长到班级来，把读书的感受讲给孩子们听。如果时间允许，还可以举办一个亲子阅读比赛，选三至五个家长，和孩子们组成代表队，通过竞赛的形式，不仅能够使学生们对所阅读的书理解深刻，也能激发学生的阅读兴趣，为以后的阅读奠定良好的基础。

另外，我们班主任也可以根据家长的职业，在某些特定的日子，把家长请到班级来，为学生讲解专业知识。比如，世界爱牙日，就可以把在医院的家长请到班级，给学生讲一讲如何正确使用牙刷，怎样保护牙齿；再如法律宣传日，可以把在交警支队的家长请到班级，专门给孩子讲一讲遵守交通的重要性，生活中如何做一个知法守法的好公民。这种现身说法的教育，远远比班主任开一节枯燥说教的班会好得多。

全国优秀班主任任小艾老师的做法也为我们提供了一个很好的参考。她请家长到学校开展"家长系列讲座"。开学初的家长会上，她对家长们说，"我只是同学们中学阶段这三年中的老师，可你们既是他们的启蒙老师又是他们的终身老师，所以说对学生的教育需要我们联合起来共同参与，希望大家能够配合我的工作。"她要求每个家长在三年的时间内给全体同学讲一节课。可以讲自己的学习经历、讲自己的工作、讲所见所闻、讲家乡、讲人生等等，讲自己能讲的一切，只要对孩子有益的，然后评选十名"最佳家长系列讲座者"，召开有学生参加的全体家长会，进行表彰，让孩子为其带上大红花。于是，讲天文、讲地理、讲海洋、讲医学五花八门，来自不同岗位的家长开始给孩子们讲他们的人生和工作，孩子们特别有兴趣。哪个家长讲座，哪个孩子做主持人，沏茶倒水主持，最后作总结，非常有意思。但是后来教育的连锁反应出现了，有的家长不会讲啊，任老师的主意又来了，凡是不会讲的可以找个比你会讲的人代讲，亲戚、领导、各界名人都可以。北京，是政治文化交流的中心，名人荟萃。家长们就通过关系找了许多知名的人士。孩子们一看，这是报纸上见到的那个人，这不是电视里的那个人吗，甚至还有尾随而来的记者。就这样，活动顺利进行，大大调动了学生的兴趣，而且同学们也真正学到了不少知识。家长的智慧是深不可测的，家长资源也是一片沃土，是很值得我们去开发和利用的，让更多的家长投入、参与我们的主题活动中来，以他们的智慧和能力，使我们的活动搞得更加精彩、有趣！

2. 是否充分挖掘社会资源

社会是个大课堂，与校园相比，它展现给孩子的是另一个神的世界。班主任老师，如果在组织活动的过程中，能够充分挖掘社会资源，将各种社会实践，社会体验和社会调查等活动，融入到平时的班级活动中去，对培养学生的社会意识，公民意识和社会责任感，具有其他教育形式不能相比的意义。

我们可以根据我们所在的地方资源，来设计我们的活动内容，如果能够与学校教学相结合，那将起到事半功倍的作用。比如，我们在进行综合实践活动，讲到水资源的开发和利用时，就可以带领学生去参观丰满发电厂，让学生通过一些数据和具体的事实，知道水资源的重要，从而在生活中，节约用水，形成一定的教育意义。再比如，小学语文习作里，常常有这样的选题，写自己的家乡。学生在写作时，大多习惯到网上搜集一些资料，然后资料罗列式的引入到自己的作文中。其

实，如果老师能够抓住这个机会，把学生带出去，相信孩子们的习作将会呈现百花齐放的景象。比如吉林市，著名的北山、龙潭山、朱雀山、松花湖、乌拉满族展览馆等等，都各有特色，也是学生作文里不可多得的好素材。

只要用心，我们就会发现，有很多社会资源可以挖掘，科技馆，企业，军营，展览馆……都是不可多得的社会资源，老师只要注意在参观前，让学生明确参观的目的，不盲目地游览，就能达成活动的最终目的。

综上所述，班级活动是联系学生与学生、学生与老师、学生与集体、学生与社会之间的桥梁。它能为每个学生创造表现自己、发挥特长的条件，使每个学生都能看到自己的价值。能促进班集体的成熟，增强集体的凝聚力，能促进学生的智力提高、培养学生的创新精神、

提高学生的社会适应能力。新时期的班主任一定要借助班级活动的优势，充分发挥活动的作用，开展好班级活动，让学生在活动中历炼，让学生在活动中成长，真正成为一个全面发展的优秀的人才！

班主任是学校最重要的一个岗位,它像一座桥梁联系着方方面面的工作,对这些工作的组织、布置、协调、督促、落实、检查、评价、总结等各个环节起着组织者、管理者、指路者、开导者等角色。有人说:"一个学校可以一时没有校长,但不能一时没有班主任。"因此加强班主任的自身修养和业务水平的提高是学校工作的重中之重。学习为自己的魅力增值。

第一节　爱是班主任最强大的力量

高尔基说:"谁不爱孩子,孩子就不爱他,只有爱孩子的人,才能教育孩子。"因为知道爱是班主任最强大的力量,所以我们也常常听到,在教育实践中,老师们是如何爱孩子的故事。但与此同时我们也常常听到这样的感慨:为什么施爱者付出的含辛茹苦、轰轰烈烈,而被爱者却一脸冷漠甚至是牙咬切齿呢?

究其原因,不是老师没有爱,而是我们没有明白师爱的本质是什么。教师爱是一种有目的、条件的爱,它以学生的发展和成长为目标的爱。师爱是以唤醒,是传递人与人之间的情感为目的的;是激发和唤醒孩子心中自愿情绪为基础的行动表达的助推器。

所以我们必须要学习科学艺术地表达我们的爱。要用最贴心的表现形式,最巧妙的方法,最恰当的时机展示我们的爱。让师爱成为孩子心中积极上进的力量源泉。

首先让我们来思考下面几个问题:

1.爱的资格：你是学生最重要的人吗?

2.爱的情境：爱是做出来的，不是说出来的

3.爱的时机：什么时候表达教师爱?

4.爱的内容：用什么来表达教师爱?

一、做孩子心中最重要的人——赢得爱的资格。

新世纪，新时代，人们对于教师的要求与以往有了很多不同，其中最重要的一点是我们教育者要树立服务意识，要摆正自己的位置。

在现实工作中，我们听到过家长，甚至是孩子的投诉，这说明：教育者在心理上没有被对方认同，这样的情况下，即便你的教育再正确恐怕也是对牛弹琴。所以从心理上赢得被教育者的认同是特别中的一个起点。这一点与以往任何时代不同的是，因为民主、平等观念的影响，教师很难拥有与生俱来的优越，必须通过我们的努力付出才能让对方在心理上认同我们，赢得爱的资格，为教育赢得一个起点。

笔者遇到过这样一个男孩子，他叫晓寒。在班级学习中，他一直处于落后的状态，人也沉默寡言，班级的事情不太愿意参与。通过观察，班主任发现他的内心处于极度自卑和自尊的矛盾中。为了帮助他走出困境，班主任常常在班级公开场合表扬他的男儿大气，宽容。当他忘记带学习用具的时候，就悄悄地把自己准备的学具借给他。这样的"投桃"赢得他的信任。他任何作业都不写但是班主任老师承担的学科他却一定会认真完成。这样的转变，让老师看到了惊喜，在良好的情感互动的基础上，他接受着我一个个建议，人也变得开朗起来，学习一点点地进步着。

用真诚的心和恰当的引导赢得孩子接受自己的爱，这样才具有了教育孩子的资格。只有以此为起点，孩子的心逐渐贴近素不相识的家庭以外的这些"陌生人"。在感到安全，感到被关怀的心理作用下，学生才会在接受教师的引导，逐渐改变和约束自己的行为，沿着正确的成长之路快乐的前行。

二、让对方感到你:爱的行动——创造爱的情境。

在班级工作中，我们一定会遇到一些让人头疼的"顽固不化"的孩子。

三年级学生亮亮是一个被宠坏的孩子。因为姐姐的夭折，父母对他极其疼爱。这样的家庭背景早就了他事事不在乎的生活状态。书包里，永远找不到他的学习用具，不带书本、不带纸笔是常有的事情。课堂上，他常常溜号，学习一塌糊涂。对于督促他学习的妈妈，他甚至在本子上歪歪扭扭地写下了"我狠你"的话。这样一个边缘人生活在自己的世界里，这个世界没有春花夏雨，没有秋实冬雪。班主任老师意识到靠自己一个人改变这个孩子是不现实的，要让身边更多的学生关注他，使他意识到有很多人在乎他，他生活的集体是有温度的。2009年10月31日的傍晚。放学前，班级的生活委员在班级的黑板上写下了:"祝你生日快乐"几个大字。有趣的是，她在这六个字上面姓名处留下了空白，她没有写过生日的同学名字。这样的悬念引发了同学的猜想:第二天到底是谁的生日? 放学站队时，很多同学都在兴奋因这个悬念议论纷纷。走出校门的一瞬间，有人提到了亮亮，班主任老师注意地看着，他眼睛中出现了从未有过的光芒。他竟然羞怯地说，自己都忘记了明天是他的生日。于是祝福的话，提前从孩子们的口中大声被释放出来，亮亮幸福地笑着，他眼睛里的幸福感染着班级的每一个人。

老师把亮亮安排在一个非常和谐、有凝聚力的小组，有意识地指导、提醒每个组员对他多一些关注，多一些欣赏和肯定，多一些宽容和信任。一段时间后，他有了一些变化:与人说话不再呛着说。学习用具也带得齐了。上课时，他要是溜号，别人提醒，也不再对着干，说反话了。他的变化在同学中有了反应。小组长皱紧的

眉头舒展了，送上一个小礼物鼓励他；小师傅收起训斥的话语，热情的赞扬伴随建议。亮亮快乐起来，积极起来。集体的爱让他明白自己要行动起来，履行自己该付出的责任和义务，那样做，他会带给小队荣誉，带来老师欣慰，带给父母幸福。我们的爱在行动中被发现、被接纳，产生着它该产生的积极作用。远离团队的亮亮就这样在学习和生活中感受着来自老师和同学的爱。他第一次把感动的目光投向集体。班级团队像一块磁石吸引着他。他这只离群的小雁终于归队了。

慢慢地老师发现他开始关注班级的活动，有一天班级的小龙间操说话，他提醒说：这样会影响班级。无意中听到他的话，我真欣慰，他已经把集体和个人联系起来，有集体观念了。他认同并践行着"为了集体，我要变得更优秀"这句班级口号。运动会前的那个周日，他主动动员爸爸、爷爷、舅舅、哥哥，冒着高温酷暑，用松木杆为班级搭建了一个绿色的帆布帐篷。说实话，放眼望去，这个帆布帐篷在校园各班花花绿绿、一个比一个精致的遮阳伞下显得特别特殊，甚至有点土气。但是他们全家人的心意却是那样的真诚，老师用心体会到了他们的真诚，在全班同学面前表达诚挚的谢意，在老师的带动下，学生们也七嘴八舌地说着感谢的话，亮亮站在同学们中间是那么骄傲，那么幸福。

为了让他不断体验到成长进步的快乐，老师在班级运用表扬卡、家校联系本、短信等形式不断强化他进步的幸福感。在吉林市益智玩具比赛，吉林市科技周的开幕式介绍和展示机器人和吉林省电脑机器人比赛，老师推荐和鼓励他参加。一次次的活动，一次次的奖励，让他清晰地看到了自己身上的闪光点。自信已经悄悄地回到了他的身上。他在集体中有了归属感，认同感，体验到爱的温暖，创造着属于自己的奇迹。

三、恰当的时机表达你的爱——把握爱的时机

唠叨的话是无效的语言练习，因为它学生根本没听进去，根本不放在心上。教师要思考，要留心，要让你的爱被接受，一定要选择恰当的时机，这样才会起到事半功倍的效果。

有这样一个特别热心肠的孩子，叫晨晨。这个学生最大的缺点是丢三落四，他自己从来都不以为然，家长虽然意识到这是个要不得的坏习惯，却苦于无计可施。一天中午，晨晨妈妈来给他送下午乐器课忘带的乐器，抓住这样的机会，老师当着晨晨妈妈的面，和晨晨一起推想妈妈这一中午所要做的事情。妈妈要安排好班上的工作，回到家中去帮助晨晨取来乐器，送到学校，再急匆匆赶回班上接阿姨代替的工作。在工作地空闲时间里抓紧时间吃一口饭。妈妈做的这一切都是因为晨晨早晨的一个疏忽。妈妈是在为他的疏忽买单。这样的分析使晨晨开始意识到自己的行为给妈妈带来的是忙碌和疲惫。在晨晨愧疚地低下头时，老师问晨晨：你能为妈妈做点什么，弥补这一切？让妈妈因为你的行动感受到心理的幸福吗？

晨晨妈妈一直在旁边听着我的话，老师清楚地知道这一番话给母子俩都带来了不小的冲击。因为妈妈教育的时机是应该这样把握的，晨晨也从来没有从这个角度思考过自己的行为。

第二天晨晨的妈妈打来电话，在电话里，她特别感谢老师。她说晨晨开始行动了。自己的学习用具知道整理，并一再检查，还说以后要让妈妈少操点心。

晨晨妈妈对他的爱是一种本能的反应，晨晨对妈妈的爱则需要他身边的成人唤醒和激发。教师要做的就是这样的一个引导唤醒工作。看着他们母子间这样爱的付出赢得了爱的回流，我们该意识到：老师对于家长和孩子的爱产生了积极的教育效果。这样的爱才是教育。

听过这样一个教育案例。一个男孩子琴棋书画样样精通，各门功课成绩名

列前茅。遗憾的是，他不会与人交往，在同学中不受欢迎，有的时候还受点委屈。一天大家在操场上值日的时候，他拿出去的一把笤帚被一个男孩子抢走了，他气愤地大喊起来，还把手中的撮子扔在了地上。他的行为被走廊里的老师制止了。他很郁闷地找老师告状。老师看着他张红的脸蛋，一起一伏的胸脯，就知道他的确受了委屈。老师把他拉过来坐在身边，告诉他自己特别理解他，并能想象他的委屈，也一定会批评那个抢走了他笤帚的孩子。随后，老师用商量的口吻，朋友的语气和他谈论这件事情。老师问他除了气愤地扔掉撮子，还有没有其他的除了方法。他一时讶然地望着老师，因为他从来没有想过这个问题。于是老师和他一起分析这件事。他们总结出了三个处理办法。在这样的过程中，孩子的情绪也渐渐缓和下来。他们还分析了三个办法的不同结果。最后，孩子愉快地决定：以后再遇到这样的事情要采用第三种办法——宽容地理解那个抢走扫帚的人，自己回班再取一把，并在适当地时候与那个抢走扫帚的人交换当时的心境，希望对方能学习尊重他人。

埃默森说："教育的秘诀在于尊重"，尊重是我们学会爱孩子的第一步。教师要抓住一切教育契机，恰当地表达你对孩子的理解，并学习尊重孩子的差异，在这样的基础上，把你对事物的看法与孩子分享，这样孩子才愿意思考和接受你的教育建议。

四、用多种方式表达你的爱——展现爱的内涵

中华民族文化传统讲求的是含蓄，所以我们常常不屑于用语言表达我们的爱，认为那样太虚飘，一切都在行动中。那么就让我们用孩子可以读懂的行动展示师爱无边。

(一) 爱你的学生，要了解关心孩子。

要理解孩子，要放下老师的架子，要蹲下身子，用孩子的视角观察生活，思

考问题。要关心孩子遇到的困难，要体谅孩子年龄的局限，要全心全意地为他们着想。

有时间多和他们说几句话，拉拉他们的小手，鼓励他们几句，通过和孩子的交流了解他们的生活状态，和他们一起写真心日记，和家长做密切的联系。帮助家长稳定情绪，耐心细致地引导孩子成长。

（二）爱你的学生，要尊重信任孩子。

对于不同的孩子要求要有差异，要让所有的孩子都有体验成功的机会。特别是对那些在学习上有困难的孩子不歧视，给他们指定可以很快达到的小目标，在同学中树立威信，让他们抬起头积极地面对学习上的困境。在群体中培树积极进取的学风和互相关心、互相爱护的班风，让孩子体会到来自集体和伙伴的关爱，从小在爱的环境中成长。

（三）爱你的学生，要严格要求孩子。

爱与严格要求并不矛盾，爱是心理的尊重与理解，严格要求是达成共识后必须要执行的尺度。严格并不是惩罚，也不是声色俱厉。严格要求是一种尺度的要求，是不打折扣的要求。在这样的过程中学生如果有困难，达不到要求，教师要给予最有力的支持与帮助。把人文的关怀与严格要求很好的体现在具体工作中，就是爱你的学生。

（四）爱你的学生，要帮助引导孩子。

说到帮助引导，就要求我们在孩子心中找到积极配合上进的内在动力，让我们的要求自动自觉地成为孩子的愿望。内在的动力找到了，行动上的节奏可以因人而异，因材施教。调动学生，鼓励学生，引导学生，就是在帮助学生达成自己的目标，体验成功。当一个个目标不断实现，一次次体验铭刻于心的时候，孩子就在

爱的滋养下幸福地成长了。

让我们积极动脑思考、行动起来。在教育实践中，我们学习用各种方式，借助各种场合，表达你对学生的爱。任何事物都有其开始与终结，教师对学生的爱，也有其归宿，那就是你对学生实施的教育过程中，让学生学会自我教育。只有到那时，我们才可以说，教师对学生的爱得到了圆满的实现。实现自我教育是教师教育的最高宗旨。

第二节　反思是班主任成长的最佳途径

"反思"一词，据说首次出现于英国哲学家洛克的著作中，他将"心灵内部活动的知觉"，称为"反思"。

《现代汉语词典》释义，反思是指思考过去的事情，从中总结经验教训。

《班主任兵法》一书序言中指出教育反思，实际上是反思者对自己的教育经历进行综合、总结、分析、提炼的过程。

综上所述，"反思"就是通过思考，解剖自己日常教育教学实践，不断超越和提升自己的教育境界。

所有成功人士的发展之路，无不是反思铺就。当今教育届耳熟能详的所有知名人士走的也都是教育反思的路。所以有反思意识的教师，有反思能力的教师才不会今天重复昨天的故事，他们必将在不断咀嚼反思中明心见性，玩味总结出高人一筹的教育理念，解决实际中的各种各样棘手的教育问题，改变自己教育生涯的存在方式，进而促进学生的进步与发展。

反思是班主任提高工作效率，将教育成果最大化的重要途径，也是班主任个人成长的必经之路。

一、反思的内容

（一）在成功处，反思经验

班主任工作生涯中，常会有一些"神来之笔"取得好的效果，如果不做适时的反思，这些行为将无法得到提升和强化，并随着时间淡化忘却。无法提升为经验，这不能不说是极大的浪费和遗憾。

看过这样一个案例：某学校在六一节的时候，举办了红领巾大卖场。为了让活动开展的有新意，班主任特意召开班会研究了经营的项目，具体操作的步骤，甚至连广告语和促销手段都想到了。

活动结束时，班主任引导孩子们交流自己的生意经。喜笑颜开的表达中，他们把自己与人交流、说服人等方面高招与同学共享。从市场热点研究，到寻找多种进货渠道；从宣传广告绘制，到利润风险承担——点点滴滴的体验中，他们学习着与人交往的方式方法，表达能力得到了极大的锻炼。

最有意思的是税收的环节。老师又做了很好的动员和宣传工作。她告诉孩子们，交多少税不是目的，收上来的税做了什么一定要知道。老师从税收的用途讲到公民的责任，讲到社会的福利，讲到美国的税收，讲到欧洲的福利。在孩子心中种下一颗公民的种子。

大卖场活动结束后，老师认真整理活动中积累的宝贵经验，写成文章，上传到班级博客上与家长分享，给自己留下了第一手资料，也给其他老师提供了活动组织的借鉴。

每位班主任都有其工作的特色和成功之处，如果善于总结，不仅对个人的工作提升有帮助，也是班主任之间互促互进的宝贵财富。

（二）在失败处，反思教训

在教师的教育生涯中，会接手各种各样的班级。不同的班级会给我们的工作

提供五花八门的挑战。这些挑战实际是我们自己成长的机遇，需要我们不断调整自己的教育行为，使之逐渐适合不同的班级和学生。切不可照搬之前的经验，因为教育就像中医施药，要对症才有效。

笔者就有这样一个教训。

曾接手过一个成绩不是很理想的班级。经过一个学期的努力，学生的成绩稳步提高。两个学期后，班级成绩和各项活动在学年学校一直名列前茅。送走这个班级，反思他们的变化。自己从管理方面首先抓住了学生和家长的心，赢得了他们的信任。我们一起树立的奋斗的目标。为了这个目标大家同舟共济，埋头苦干。在日常的工作中学校领导给予了我们大力的支持和帮助，一直在给我们鼓劲。这样的积极向上的背景使老师和学生的潜力彻底释放出来，最终赢得了这样落后班的彻底改变。

随后而来，自己接了一个比较优秀的班级。我试图复制这样成功的做法却迎头挨了一棒。因为班级的学生和家长都认为自己是很优秀的，目前没有什么问题需要解决。为班级树立一个共同奋斗的目标，一起努力的作战思路在这个班级根本落实不下去。

这样的自满让班级一直都没有形成真正意义的集体。所以我必须反思自己的做法。修正自己的工作思路。于是我每天做大量的统计工作，坚持每天写班级日志，把自己看到的故事客观地呈现在家长和学生面前，在此基础上分析说明。坚持了近两个月的时间，事实胜于雄辩，真诚沟通，点点滴滴的工作渐渐让家长们正视自己的教育主观和每个孩子的具体表现。基于细致统计和教育故事的沟通使他们接受了我这个半路接班的老师。我的工作思路和做法也得到了他们的支持与配合。

教育和行医有形似的地方，就是不要以为有包治百病的灵丹妙药，每一个班集体，每个孩子都是独特的。在教育实践中，我们只有不断反思总结，"对症下药"，才能保证我们的教育实现"药到病除"的理想境界。

（三）在争议中反思改进

"横看成岭侧成峰，远近高低各不同。"同样一件事，在不同角度看，真的会有不同的景象。班级工作就是这样。家长和老师处在不同的位置，我们对于孩子的观察和教育有时候会出现很大的偏差。

有一位老教师接到一个新班后，按照以往带班的方法，领着学生自由组合分组，之后以组为单位开展由个人评比，小队评比，学期评比组成的三级评比制度。

评比进行了大约一个月左右。有一天，戴维妈妈来到学校。看脸色很不好，她说自己的孩子不愿意来上学，大家都指责他，希望老师改变现在的班级评比方法。

看着她压抑的愤怒，老师很震惊。上班二十多年了，从来没有哪个家长这样干涉和指责过自己的工作。老师心里多少有点不舒服，但是转念一想，这是孩子在家里真实情感的又一种形式表达。

通过家长的反应，老师知道戴维这个看起来什么都不往心里去，什么都不在乎的孩子，原来也很在意大家的评价。看来集体的舆论正在对他的行为产生着约束作用。想到这，这位老师就冷静下来了。她对戴维妈妈说："首先谢谢你对班级工作的关注，有了你的支持我相信孩子的进步一定是指日可待的。但是因为我们站的角度不同，对于事情的看法肯定不会完全一样。感谢你的真诚。这样吧，你给我一个月时间，一个月后，我坚信你会走进班级对我说'老师，谢谢你！'"

戴维的妈妈虽然平静了很多，但是脸上仍就无限牵挂的样子。这位老师真诚地拉住家长的手说："相信我，给我一个月时间，我一定会还给你一个满脸灿烂阳光的儿子。要改变一个孩子，一定要让孩子的心灵有震撼，此刻他正处于这样的阶段，所以你一定要配合我，支持我。好吗？"

送走了戴维妈妈，老师也开始反思自己。她同时找来了戴维和他的小队长，以及学习委员谈话。

与戴维，谈了他最近的表现，从表扬开始，渐渐进入他目前存在的问题。孩子心悦诚服的接受了老师的批评。

老师表扬了戴维的小队长对戴维的关注和提醒。这顿表扬使原来要提出开除戴维的小队长不好意思说什么了。趁热打铁，老师又和小队长研究：针对戴维的实际情况，在小队评比中，给戴维一个特殊的政策，影响小队他扣的分，先记在他自己身上，希望他做选做作业尽快加分，补上自己的扣分。小队长听了老师的话非常高兴，并提出帮助戴维完成选做作业。

学习委员一直在旁边听着，这时候也明白了老师的用意，赶紧提出要帮助戴维。

戴维脸上露出了笑容，并信心十足的表示要努力学习，不再影响小队的荣誉，尽快赶上大家。

一个月的期限还没有到，戴维的妈妈就来到了学校。她的脸上绽放的是开心笑容，口中一一细数着这段时间孩子的变化。这个直性子的人，告诉老师：她认同了这样的教育。她说自己的儿子从没有像现在这样主动学习，她要谢谢老师。看着她那高兴的样子，老师对她说，有心里的震撼和斗争人才会有变化。

其实争议是我们最好的反思契机。不同的意见恰恰说明了我们的工作一定存在着可以改进的地方。反思可以让我们更清醒地认识自己，矫正自己，把工作做得更细致，更周到。

(四) 在细节处反思积累

细节决定命运。在我们的教育实践中，很多细节都散发着迷人的智慧光芒，如果我们能处处留心积累，养成记教育日记的习惯，把一个个动人的细节梳理成一篇篇精彩的教育案例，通过教育博客记录下来，并在这样的反思中不断提升自己的实践能力，我们的教育就会如奔涌的河水一路向前。

1. 反思积累与孩子相处的细节

下面是一位老师发表在拓思网上的班级日记。让我们一起走进这个故事。

案 例

必须挽回

早晨因为交作业的事情，班级的孩子有扣分的。

事情是这样的：为了避免早晨收作业耽误时间，所以一年半了，一直要求学生早晨来到之后，自己把作业交到指定的地点。不交作业的，就是写了也要扣分。

实施一年多来，孩子们基本养成了这个习惯，但是偶尔会有人因为一些事情忘记。我希望通过这件事情培养孩子记住哪些事情是你要做的，必须做的。不必别人提醒。

对于珍视团队荣誉的孩子来说，扣分是最大的惩罚。有个孩子哭了，那是我们班级很优秀的一个女孩子。其实她的作业，昨天在学校就写完了并批改过了。因此她就没有交。但是这么多学生，老师怎么能记住谁没有交作业呢？所以为公平起见一视同仁就扣了分。

为了平复这孩子激动的内心，我给他们细数了自己一天的工作：早晨批改作业，之后上课，然后完成学校要求的一些事情，备课。如果大家不在制定的时间交作业，老师就批改不上；要查找的话还耽误时间，所以以前就说过必须要交作业。希望用扣分来督促大家记住。

但是孩子给小组扣分了，心理总是不舒服，其实我要的就是这样。因为只有这样他们才会有印象，才会渐渐养成自觉的习惯。

下课我收到两张纸条：

一张上写着：

我的心情好极了。（老师点评：估计是反语的用法，心情糟糕极了）

老师，我今天心情"晴空万里"。（老师点评：这是春节《不差钱》里的词吧）你说给我们组扣分时，我都能笑出来，你看我多开心呀！（老师点评：这一定是冷笑，因为联系上下文，我知道你心理很难过。是愧疚。谁让你让我费时间查作业呢？一个集体必须要有规矩，你说呢？）

你记得早晨吗？我其实练习册在昨天就改过了，原以为不用交了，（老师点评：你以为不用交，不行。你为什么不问一下？长大以后遇到这样的事情怎么处理？相信这件事情会给你启示，对不对？别擅自做主，有的时候你的想法有局限性啊。）可却扣了15分。我本来要解释，可你却不让。（老师点评：因为课堂上，我没有时间给你解释，请你谅解。）老师，我能理解你，但是我完成了。我现在对"分"那个字是那么敏感扣了15分后，我爬（老师点评：到底是"爬"还是"趴"，你写错别字之后，读起来真有趣啊。呵呵，呵呵）在桌上哭了，（老师点评：不是晴空万里，不是还笑吗？）。挨到下课，又躺（老师点评：你在厕所能躺着？那我怎么不知道还有这样的厕所？真高级呀！）在厕所偷偷地流泪，当然，在我的身边只有徐晓琦和刘凡赫在我身边。（老师点评：多温馨，有好朋友陪伴。）

目前，我只因为写了日记而加了10分，还差5分，我必须挽回。

老师，我可不可以跑圈？不用多，1圈1分就行。

另一张这样写：

老师今天对我来说，刻骨铭心。同学的"啊，啊"声，使我心痛，我不是心疼同学，而是心疼那些分数。想想我们刚刚成组的一幕又一幕，想想我们往组里加分，那信心十足，满脸笑容的表达，使我心很疼，很舍不得。

看着两张及时贴写的小条，我乐出了声，这两个孩子真可爱。如果大家对团队都有这样的爱心，班级不会进步吗？进步的班级总孩子怎么可能不进步。于是我给他们个建议，别跑圈了，跳绳吧，我把小绳借给他们，其实他们该多运动运动。这样多好，既加分了，又运动了。看着他们回来时的喜悦，我心理特别的高兴。

孩子，你们真棒！我就是这样常常被我学生感动着。

天高任鸟飞（张曦文）　[ip:218.62.66.126]

张老师，给组内扣分，我也很是心疼。我是四组的组长，更是心疼扣去的分数！但是我相信自己，也相信组员，我们可以加回来！

汤圆　[ip:218.61.132.19]

老师，从建立这个小组以后，我没有给组里扣过一分，但因没交作业却扣了15分我很心痛。我一直想给组员们做个好榜样。好在，我又把分争回来了，因为我跳了500个小绳。老师，你是以德服人，我同意你的做法。妈妈说没有规矩不成方圆，我会永远记住的。组员们，加油吧！努力把分挣回，多挣点，少扣点，我们照样是第一！

群雁高飞　[ip:218.62.83.37]

谢谢汤圆的妈妈，因为有你这样的好家长我们工作才如此顺利，你的孩子才如此优秀。

游客[ip:218.61.132.19]

张老师：您总是那么谦虚，说谢谢的应该是我们这些家长。《意林》书上写：一则故事改变人的一生。我认为一个好老师同样改变一个孩子的一生。您就是这样的老师。您是"真的种子，善的信使，美的旗帜"。

游客[ip:218.62.66.126]

张老师，您对这个班级付出的心血太，太，太，太，太，太多了我们一辈子也不会忘记对我们的恩惠（我做鬼也不会放过你的），(*^__^*)...嘻嘻，开个小玩笑！总之一句话，我们

实在是太幸福了, 能有您这样的老师生活在我们身边! 张曦文

这篇班级日记中, 我们通过老师的叙述清楚地了解事情的经过。特别是孩子们的字条, 和老师的点评让人忍俊不禁。孩子的天真, 纯洁, 可爱跃然纸上。这些纸条也许已经返给学生, 也许老师自己保留着。现在把它们写成教育日记就可以在网络上永远地保留住了这动人的瞬间。看看家长和孩子对这篇博客的评议, 家校的配合, 师生的情谊, 教育的效果显而易见地呈现在我们面前。

2. 反思积累与家长相处的细节

在某学校的班主任工作交流会上, 一个青年教师曾讲过这样一个优秀的女孩子。她在学习上的韧劲深深地印在老师的记忆中。成绩自然也是出类拔萃。更另她震撼的是: 这个女孩子的妈妈在她作业上的签字。

不管是什么作业, 她妈妈的签字甚至比老师的批改还要详细。这样的影响不是语言可以替代的, 孩子的优秀缘自家长的付出。她的老师曾经想留住她的作业因为那上面有家长的签字, 她希望让后来的家长明白什么样的孩子, 背后站着什么样的家长。

所以不要抱怨孩子不听话, 让我们先来审视自己的言行, 我们给了孩子怎样的影响。与这位妈妈比较而言, 我们所做得一切实在是太粗线条了。这个女孩对知识追求, 与周围人的相处, 处处都能看得到来自于家长的影响。她是严谨的, 刻苦的, 踏实, 有韧劲。

关注孩子的成长, 一个好母亲胜过一个好老师, 因为好妈妈就是一个好老师、好学校。对陈虹竹的反思, 让我对家庭教育的指导更投入。

的确就像这位青年教师总结的那样, 家长是一个亟待开发的教育资源。在与家长的相处过程中, 教师要善于从家长的教育细节和艺术中汲取营养, 丰富和提高自己的实践能力, 在这样的反思中不断成长。

3. 反思与积累突发事件的细节

任是班级里非常顽皮的男孩子，学习很好，多才多艺。但是一直和同学相处的不是很融洽，感觉有点坏坏的。但是他做值日班长的表现却让大家对这个孩子有了更多的认识和了解。下面是班主任老师上传的他当值日班长的工作纪实。

任贵一工作实录

早晨起来，今天的值日班长任贵一走马上任了，他一天的工作真的非常认真。

在早自习他结束后，他忽然要求同学们坐好，并提出了一个现象，那就是早晨个别孩子到学校写作业。不错，小子！能看到问题，并在班级提出来，这就是班级干部应该做的。

我声援他，帮助他讲了这样的现象是对学习不负责的一种应付，到了中学各科都压上来的时候，你到学校写作业时绝对完不成的。有不会的可以问，但是抄作业，到学校匆忙写作业效果不会好，这和当天作业当天在学校写完是完全不同的，因为当天在学校完成作业有晚上的时间垫底，心理是喜悦，动作是从容，而且老师在身边是有后援团做保证的。如果你确实有事情，前一天没有做完，可以和老师说一声，就这样偷偷摸摸地补作业，心情紧张担心，能写好吗？

本来我以为我说完了事情就结束了，没有想到任贵一又说话了，他说："因为这次是他提出来的，而且还点了同学的名字，所以这次就不扣分了。"好小子，狡猾，狡猾地。其实应该这样。我们工作的目的不是为了扣分，我们是为了帮助和引导大家。所以只要大家能引以为戒就好。我想是不是班长张濛月的怀柔感化工作的方法让他有了借鉴。因为前几天写伙伴习作时，他写的就是张濛月的工作有方法。孺子可教也！

一上午我一直在批昨天的周记，因为放学要发下去所以赶得很急。下午第二节上课铃

响时，还差几本没批完。正在我抓紧时间批改时，关博文和王耀宽进教室，他们因刚刚在走廊里的事情互相指责。我没有时间调查这件事事情，让他们停下来，两个人却一直在嘀嘀咕咕。真是太没有眉眼高低了，越忙越添乱。

"任贵一，带他们到四楼天桥去调查处理！"我甩给任贵一句话，谁让他是今天的值日班长，这事先让他对付一会，听听这两位磨牙的孩子说话，让彼此都冷静冷静。赵子逸和马文琦跟了出去。马文琦是被撞的人，任贵一要求他出去的，赵子逸是老班长，看出老师忙，又怕任贵一刚上任压不住就跟出去了。虽然我知道有这两个女孩就不会有什么问题，但是心里还是不放心，最后一本批完了，我赶紧走到天桥，拉开门，学生告诉我处理完了，关博文和王耀宽都各自让了一步。看着他们我笑了，多好，他们长大了，可以自己解决身边发生的问题了。我应该多给他们这样的机会，锻炼中他们也在自我教育。

"关博文，王耀宽对事情处理有意见吗？""没有！"两个孩子一起回答。我知道他们虽然脾气大点，但是心地都很善良。"那握握手吧！"听我这么一说，三个小干部说："还得老师，刚才让他们握手不干。"

啊，他们还挺有意思，这都是我用过的招。

两个孩子不好意思了，手轻轻地粘了粘。"不行，握手有要求，两人目光要有交流，手摇握紧，把歉意传递出去。"两个孩子手拉手笑出了声。"不许松开，直到我命令位置！"

"我们走，让他们在这握手练习吧！"

一行六人走出天桥，心也豁然开朗，此刻窗外的瑞雪纷纷，把百草园的树都挂白了。真美呀，和孩子在一起真好。

任贵一，希望你多多展示你的好，让大家看到一个优秀的男子汉！

对于仁贵一那天的工作记录，还多家长和孩子都细细地品读过了。他处理两件事的细节，让我们对这个孩子看法有了彻底的改变。给孩子一个地球，给他们充分的信任，他们会还我们一个又一个惊喜。信任孩子是老师和家长要特别注意并时时提醒自己去做的事情。

4、反思积累让感动自己的细节

我们分开的日子

上周因为出差，和孩子们分开了一周。虽然我人离开了他们，但是我的心去一直在牵挂着们。不知道在这一周孩子们会有怎样的表现？

26日开始，我每天都能陆陆续续接到了学生的短信，通过这些短信我看到了孩子们金子般的心。它们让我感到为师的幸福与欣慰，我愿意与大家分享。

10, 26 (07: 23) 王曼丽发来短信: 陈红竹, 刘子瑞发烧了, 没来, 上学。

10, 26 (08: 09) 张潆月发来短信: 今天早上刘潇忆和崔献文还有陈红竹没有来, 估计是发烧了。

10, 26 (09: 36) 张潆月发来短信: 王曼丽发烧38度回家了。

10, 26 (10: 54) 张潆月发来短信: 张老师, 中午一切正常, 咱们班代课的是六年组的班主任, 谁有时间谁就来。

10, 26 (14: 24) 张潆月发来短信: 班级同学可听话了!

10, 26 (16: 39) 郭俊辰发来短信: 张老师您身体还好?我们表现非常好!

10, 26 (17: 15) 郭俊辰发来短信: 张老师, 您放心吧! 我一定会好好表现的! 祝您节日快乐!

这些短信让我一直悬着的心渐渐平复下来。我知道孩子们在努力地约束自己，因为他们珍视班级的荣誉，他们希望老师放心。这是一群多么懂事的孩子。这一天能坚持下来真是不容易呀。

10, 27日 (08: 35) 张老师发给张潆月的短信: 新的一天伴随这朝霞走来, 你们今天会怎样书写精彩的学习生活, 期待你们的好消息!

10, 27日 (08: 35) 张潆月发来短信: 张老师, 今天马文奇没来, 没有人报出勤人数, 怎么办?

10, 27日 (09: 36) 张老师发给张潆月的短信: 你和白鸽商量, 找个用心做事的人替她, 盯住三次体温测量, 你们多提醒, 现在有多少人没有来?

10, 27日 (11: 45) 张潆月发来短信: 张老师, 我是汤圆, 今天有一件事让我很气愤, 上英语课我们出去玩了, 在我不在班级的情况下, 任责一翻了我的书桌堂, 翻了密码本。我不是告状, 只是有一些重要的东西在里面, 是姜朝野出的主意。张老师, 我相信你会了解我现在的心情吧。

10, 27日 (11: 57) 张老师发给张潆月的短信: 理解, 请任责一和姜朝野看这条信息。他们应该道歉, 并想办法补偿你的心理受到的伤害。如果你不满意可以给他们家长打电话, 请家长配合教育。

10, 27日 (14: 49) 张潆月发来短信: 班级很好

10, 27日 (11: 57) 张老师发给张潆月的短信: 汤圆的事怎么样了?

10, 27日 (15: 12) 张老师发给张潆月的短信: 谢谢所有为班级荣誉努力的同学们, 你们让老师欣慰, 让老师自豪。想念你们, 亲爱的孩子们! 群雁中队是奇迹的创造者! 你们是英雄!

10, 27日 (15: 15) 张老师发给张潆月的短信: 老师不在班级, 你们的自律, 自我管理能力会令其他人惊叹不已, 坚持下去, 爱你们! 读给大家听!

10, 27日 (15: 26) 张潆月发来短信: 班级很好, 棒极了!

10, 27日 (16: 16) 张潆月发来短信: 张老师, 你放心吧, 他们已经自己解决了!

10, 27日 (16: 19) 张老师发张潆月给的短信: 马文奇的工作安排给小琪吧, 她办事认真! 你的体温还正常吧, 班级这两天还好吧, 你有什么事情要说吗?

10, 27日 (19: 16) 张曦文的短信: 马文奇今天没来上学, 刘凡赫帮助查体温, 报告出勤人数。真感谢她, 同学有的一周后回班的, 也有回家的, 但同学们状态很好。

10, 27日 (19: 19) 张曦文的短信: 值日工作不是很彻底, 但大家都很努力在做, 您不要担心。

10, 27日 (19: 21) 张曦文的短信: 我很好, 这两天还在做卷子, 你回来后还请帮忙批一下, 嘻嘻——组长批完了, 但我只知道我们组改完了, 其他组我不清楚,

10, 27日 (19: 31) 张老师发给张曦文的短信: 卷子大家没有批改吗?值日工作主要问题是什么?

10, 27日 (20: 08) 张曦文的短信: 主要问题。我认为是你推我, 我推你, 还有自我约束不强。

这一天中给老师发短信的孩子增加了张曦文。在这样的日子里, 虽然看了张潆月的短信, 有些放心了。但是我知道她是一个阳光女孩, 很懂事, 一定是怕我担心牵挂, 很多事情没有说, 看了张曦文的短信让我了解了更多的内容。

10, 28 (07: 01) 郭俊辰发来短信: 张老师, 我才看见短信, 我们把原来的饮水机拿出来用了!

10, 28 (07: 02) 张潆月发来短信: 好好学习, 工作顺利!

10, 28 (08: 04) 老师发给张曦文的短信: 晚上有人送队吗? 值日主要问题是什么?

10, 28 (13: 48) 赵世超发来短信: 王耀宽回来了, 把赵子逸惹哭了。

10, 28 (14: 04) 张老师发给赵世超的短信: 让王耀宽道歉, 补偿赵子逸, 不听就让他家长明天来学校帮助维持孩子的纪律, 这条信息给他看看, 放学根据他的表现通知班级

10, 28 (14：18) 张老师发给赵世超的短信：复课的都有谁？有没有医生的证明？开复课通知了没有？请通知学生明天补上，这是学校要求的。谢谢你，辛苦了。

10, 28 (14：41) 张老师发给赵世超的短信：不知道王耀宽为什么要惹哭赵子逸，他要是知道了老师为此担心，一定会有改变，我相信王耀宽愿意做一个好孩子，请你把这条信息给他看。我相信他的感情。你辛苦了。

10, 28 (16：59) 赵士超发来的短信：我会处理好的。你放心吧。

10, 28 (19：40) 赵士超发来的短信：谢谢老师对我的信任，班级马文奇也发烧了，刘凡赫和徐晓琦一直在督促量体温，陈红竹，任贲一，刘潇忆等都走了，老师注意身体。

这是第三天孩子们发给我的短信，我看着这些短信，心里充满了幸福的感觉。他们是懂事的孩子，在这样分别的日子，我们一起在努力创造着一个奇迹，老师不在家的日子，他们在自我管理。在我二十三年的工作实践中可以做到这样的程度，基本还没有遇到过。也许魏书生老师的班级可以，现在我的群雁中队也能，我怎能不自豪和骄傲。我知道这一切是因为我们之间有身后的轻易。我们爱自己的班级，我们彼此之间相互关爱着。

回来的周五早晨，当我走进教室时，我看到孩子们的笑脸，听到他们的惊呼，自己觉得好像是见到了就别的亲人一样。虽然教室里并不整洁，但是我知道自己可以原谅他们。我拿起笤帚开始扫地，此刻我感觉到他们就像没有人照顾的孩子，这样的不整洁我应该可以原谅。

看到我在清扫教室，一些孩子也赶紧和我一起扫起地来。班级很快焕然一新，恢复了往日的洁净。这期间很多孩子开始迫不及待地告诉我这几天发生的事情。张潆月的工作能力似乎在我的预料之中，但是让我没有想到的是孩子们和四班的"斗争"团结一致，有理，有力，有招法，这是我所没有想到的。特别是男孩子们要保护女生不被欺负，主动承担了班级的外单清扫任务。

当天我们完成了《老师不在班级的日子》周记。周记中我看到了孩子们的自我约束,他们为了不给班级丢脸,为了证明自己的优秀,努力管理自己。这四天他们似乎有了脱胎换骨的进步。他们真的展翅飞起来了! 我的心中充满了甜蜜的感觉。

放学的时候,我给每个孩子发了一块糖,因为快到万圣节了,更重要的是这是孩子们甜蜜的感觉的外化。孩子们含着糖走出教室,走出校园。就像有的孩子在周记中写的一样,他们不能总在老师翅膀下接受呵护,要走出老师的照顾,要学习照顾身边的人,要学习离开老师的日子一样可以做得更好。

望着他们走出校园,四散离开的快乐摸样,我知道我们真正分开的日子也不远了,在有限的几个月中,我愿意尽自己最大的力量,帮助他们走得更快,走得更好。因为我们是人生中的有缘人,我愿意这美好的缘能成为我们彼此一生永远温暖的回忆。

做个老师,帮助孩子成长,真好!

教育的过程是美丽的人生体验。因此我们该时时关注工作让我们感动的幸福时刻,并在这样的反思中积累为师的幸福感,使我们的工作永葆澎湃的激情,时时增添工作的动力。

二、反思的途径

反思的深入伴随的应该是写作积累。对平时工作的思考决不能只停留在思维层面,应勤于动笔,把闪光的反思结果记录下来。这样既利于后于反思的对比,生成新的思考,也利于材料的积累为形成自己独特的教育风格做好准备。

反思的具体呈现可以有以下几种形式:

1. 教育日记

利用课余时间,记录每天的教育故事,把这些故事的经过,处理问题的细节

记录下来。在这样的过程中我们肯定会有相应的思考，或得意之举，或遗憾的做法，这些都可以留待需要的时候派上用场。

2. 教育案例

教育案例是比较专业的反思积累。从案例发生的背景，经过，细节分析，反思收获等方面把教育故事细细地梳理。还可以把自己比较满意的教育案例多投稿，赢得更多志同道合的伙伴和专家的指导，不断提高自己的教育水平。

3. 教师博客

网络博客是比较便捷的反思积累的平台。网络反思会更快地使自己找到知趣相同的伙伴，这样的交流会不断增添我们反思的积极性和主动性。得到反思积累推动力。

4. 实践尝试

反思积累不应只停留于书面，更应该把反思后的结果付诸于实践。在实践中检验自己的思考，提升自己的能力。在这样的反思，实践循环中把反思积累不断推向更高层次。

让我们一起来做反思型教师要不停地实践，不停地阅读，不停地思考，不停地写作，不停地实践。

第三节　打造鲜明的工作风格

世界上没有完全相同的两片叶子。一切教育行为无不带着教师的个性烙印，因此教育风格必将与教师本人独特的性格特征、气质类型、文化素养，以及在教学中无处不在的个性化的教育语言、教育方法、教育风度和教育机智等诸多方面息息相关。

有学者的研究表明：多血质的教师一般表现为热情乐观、感情充沛，与学生关系融洽，语言生动，富有文学味，具有艺术气质和风格等；而黏液质的教师一般表现为教学逻辑严谨，说理能力强，对学生的情感真挚深沉，但不轻易外露，办事认真，一丝不苟，一板一眼，富有实效。

要形成独特的教育风格，自成一派，教师要在反思的基础上，要善于发现自己教育个性的优势，并在不断的学习中使这种优势不断强化凸显出来，使自己的教育风格得到更好的发挥，实现最佳的教育效果。让个性化的教育风格将成为我们工作生活中快乐的一部分。

一、亲切贴心型

这样的老师对于个性柔弱的孩子教育最有效。这样的教师处理事情能站在学生的角度思考，语言柔和不伤人。这样的老师语言说服能力特别强。这样的效果来自于老师善解人意的温柔，也来自于处处与人为善的处世哲学。

善良、胆小的孩子喜欢这样的老师，愿意接受这样老师的帮助和指点。

下面节选于永正老师对青年教师20条建议中几条与大家分享，希望我们从

中都可以汲取一些营养，学习怎么做一个形式贴心的好老师。

亲切贴心型的老师一般都会主动接触学生，与学生亲切交流，并能将心比心地思考问题，耐心地做心理疏导，关心体谅孩子的难处，以情动人。

亲切贴心型的老师善于用眼睛表达自己的满意，生气和愤怒。目光不严厉，但犀利、灵活、有神。

亲切贴心型的老师表扬非常具体，话语要简洁明了。例如"第二组同学坐得最端正。"如果班级里某一角落出现"骚动"。

"李勇的眼睛一直看着老师。"——如果李勇的同桌走神了，或者在做小动作。

亲切贴心型的老师喜欢用一种期待的或者严厉的目光"盯"住那些有错误的孩子，引导孩子换位思考问题。

亲切贴心型的老师能和自己学生约法三章，并共同监督中实施制定的措施、制度。

亲切贴心型的老师能关注那些神不守舍、好动、好说的学生，及时巧妙地引导他们转移注意力，做些该做，但是不能主动做的事情。

亲切贴心型的老师能细心观察学生，全面了解学生，倾听学生的谈话。能在适当时机和场合，不经意地说出某一个学生做的一件值得称道的事或值得称道的一种表现，让孩子感到吃惊，而且受到的鼓舞。

亲切贴心型的老师能恰当地使用肢体语言，可以让学生感到自己的真诚和亲昵，拉近师生的距离。如抚肩、手，贴贴学生的脸蛋等。

亲切贴心型的老师在课间尽可能多和学生一起玩。在活动中润物细无声，架起情感的桥梁。倘若自己犯了规，也愿意接受相应的处罚。让学生就会真真切切地感受到你是他们中的一员，你和他们一样。

亲切贴心型的老师肚子里总有几个故事和笑话，并找机会讲给学生听。特别是自己儿时的故事，那些傻傻的事中总结出正面做法。

亲切贴心型的老师犯了错误——比如问题处理不当，说话欠妥，甚至于体罚学生。一定要当着全班学生的面认错，向学生道歉。老师向学生认错，道歉，"错误"就成了一种教育资源。

亲切贴心型教师对学生要求严格，但不要太厉害。清代的冯班说："师太严，弟子多不令，柔弱者必愚，强者怼面严，鞭扑叱咄之下，使人不生好念也。"意思是说，老师如果太厉害了，懦弱的孩子变得暴戾。什么事过了头，都会走向反面。

像孔子说的那样：做到"温而厉，威而不猛，恭而安"。

如果你今天狠批了张三一顿，明天一定要找个理由表扬他，至少要主动和他说话，好像昨天什么事也没有发生。（很重要、很重要，否则，孩子会变得自卑和抵触。）

亲切贴心型教师即对所有学生家长都要以礼相待。不在家长面前指责学生。对任何学生都要首先肯定他的长处，把优点放大。也要让学困生的家长树立信心。尽量不要请家长到学校来，而应该主动到学生家去。老师踏时宜学生家门，而且心平气和，推心置腹地和家长交谈。在这种情况下，我想，无论谈什么，学生和家长都会接受的。

怀揣着一颗童心，一颗真心，一颗宽容和感恩的心，实践着自己的一段心路，一段实路，一段成长和幸福之路。

二、热情奔放型

充满活力是这样的老师最大的特点。老师的热情和乐观积极的心态感染、激励和吸引着学生。孩子们在这样的感染和带动下，积极参与投入到班级的各项活动中。活动是这种类型老师的法宝。他们总能把新颖的创意落实于行动中，热情的语言激发出孩子层出不穷的创造力。

这样的老师身边生活总是充满了五颜六色的光彩，孩子全身心地投入到丰富

多彩的活动中，在活动中感受生活，体验成功。

热情奔放型的教师，对学生充满了积极的信任、关心和开放的接受心态。他们总能亲切地喊出学生的名字，经常微笑与学生交流沟通。他们能"蹲下身子"，耐心地"倾听"学生的声音，并用孩子的语言和他们交谈。他们既是学生的良师又是孩子们的益友。他们将学生的意见、感觉、想法主动融入自己的工作中。

热情奔放型的教师自信、友好；喜欢用丰富、生动的手势强调重点。

热情奔放型的教师富有创造性的，方法多样化；做事全身心投入，富于表现力。

热情奔放型的教师与学生保持眼神交流。

热情奔放型的教师会运用不同的音高、音量、变调、停顿等来控制交流的节奏。

热情奔放型的教师坚定地认为学生能够成功地完成任务。

热情奔放型的教师知道并能迅速处理学习任务外的事情。

热情奔放型的教师有幽默感，能嘲笑自己。

热情奔放型的教师通过走动保持学生的兴趣和注意力。

作为教育者，我们有责任，并一定能找到办法激起学生内心的火花。用心发现，教师的热情就隐含在教师的语音、语调和身体语言中。我相信充满热情的教育能把求知的兴趣和求知的信仰传达给学生，唤起学生对生活的美好向往和追求。

三、幽默风趣型

前苏联著名教育家斯维特洛夫认为："教育家最主要的、也是第一位的助手是幽默。教学幽默不但可以活跃课堂气氛，改善师生关系，而且还能提高教育教学效果，让学生在幽默的气氛中受到深刻的启迪和教育，使教学事半功倍。用幽默、风趣的教学语言，不仅使优秀的学生因成功而发出笑，也能使后进生在愉快、和谐的气氛中受到触动。

在重庆市铁路中学有这样一位麻辣教师——杨明，用自己幽默风趣的语言，让上过课的学生佩服得五体投地，有学生甚至还将其语言整理了出来，取名《杨明经典语录》。而这篇语录正在网上火热流传。

和大家一起分享杨老师的"经典语录"，一个幽默风趣、自信满满、和蔼可亲的酷似尹相杰的形象鲜活地出现在我的眼前，具体的印象有这么几个：

(一) 幽默风趣因有能力担当

"从我杨某人教书二三十年经验来看，(勒) 个地方出大题的可能性不大，几乎为零。如果他实在要在 (勒) 里做文章，也最多作为选择题的一个选项来出。如果不相信我杨某人的话，那你就去背吧！"

"就是史政地通杀的可能性，有，不大，几乎为零……"

"这道题如果要考，可以从地理、历史、政治每个角度考，注意一下！出大题的可能性大！不考我提脑壳来见你！"

杨明老师的幽默之中，体现出对大纲 (课标) 的钻研，对中考、高考的发展趋势研究的透彻。敢于拍着胸脯对学生说哪些重点掌握、哪些可以忽略的，是一种居高临下的整体把握的勇气。

(二) 幽默风趣显露语言功力

"当时我灵机一动，马上从三楼跳下去，来了个后滚翻……在座诸位不要轻易模仿。"

"如果 (勒) 套题拿给在座诸位作的话，不知道有多少英雄儿女泪洒疆场。"

"尽欺骗我纯真的感情。"

"远看一堆非 (灰)，近看非 (灰) 一堆，仔细走近看，还是一堆非 (灰)！"

幽默是一种优秀的品质，幽默是一种灵动的智慧，幽默是一种高雅的艺术，幽默是平等关系的体现。教师的幽默会活跃课堂气氛，加深师生之间的感情，因此富有幽默感的老师最受学生的欢迎。学生能有杨明这样幽默的老师，的确是十分幸运的。

(三) 幽默风趣中巧妙指导方法

"我的政治不能光靠背，如果光靠背就想那高分，那我告诉你：你错了，一句话，你背了不一定考得好，但是你不背我敢说你绝对考不好，不信走着瞧！"

"我看嘿多人看书都是从最开头开始看，结果没看好久，下回再看。结果他下回看的时候又从第一页看起走。结果是前面几页的他熟悉得很，问他后面的他一样都不晓得。"

老师在课堂上要指导学生的学习方法，但像杨明老师这样用精彩形象的语言指导学习方法，相信给不少学生留下了深刻的印象。

(四) 幽默风趣是另类的激励

"我之所以要找你们师母就是因为我的英语差……我不想影响下一代！"
学生在大笑之余，是否会思考一下各科均衡发展的重要性呢？

"如果在座诸位能把这套选择题给我做全对，我马上掏100块钱出来……所以说金钱的诱惑就是大，像吴晓婧这些从来没全对过而且以前还错得不少的，居然都全对，我无语了！"

看样子杨明老师跟学生打赌输了，输得好啊，激将法成功了，但不知他真的掏钱了没有。

(五) 幽默风趣中感悟哲理

"当时觉得从小就有一种看见长江的憧憬，觉得应该是波涛汹涌，烟波浩荡。结果读大学来到重庆，一看，问别个：'那就是长江呀，不可能哟。''那就是长江，也不过如此而已。'其实很多事情当自己拥有时再来看，总会感叹：也不过如此而已！"

"一个人要耐得住寂寞才能不寂寞……"

平凡而朴实的语言，耐人寻味的人生哲理，对学生潜移默化的影响。学生品味了，认同了，记下了，也就共享了。

(六) 幽默风趣中犀利批评

"给你点阳光你就灿烂，给你点口水你就泛滥！"

"吴端，如果你把'银行'的定义说出来，不要说你抱个枕头来睡，就是你把床铺带到教室来睡我都不得说啥子。"

"身体单薄，感情脆弱，经不起折磨！"

杨明对学生的批评是犀利的，但不严厉。他的批评往往使用调侃的方式，言子丰富，令人叫绝。既起到了提醒、批评的作用，又让学生易于接受。

幽默的语言，诙谐的调侃，亲密的态度让教师和学生心无距离，自然而然地融为一体。这样的氛围中一切似乎都是水到渠成的事情。吸引学生的注意力，赢得学生心中的敬意。教育融于快乐中，内心中的渴望就这样被激发出来，教育的效果就这样显现出来。

四、善思博学型

邓拓的杂文《欢迎'杂家'》中说，无论做什么样的工作，既要有专门的学问，又要有广博的知识，而且前者是以后者为基础。专门的学问，只要有相当的条件，在较短时间内，通过努力学习，深入钻研，就可能有些成就。而广博的知识，包括各种实际经验，则必须经过长年累月的努力，不断积累才能打下相当的基础。有了这个基础，研究一些专门的问题也就比较容易。

教师的工作特殊性决定的，我们最好能成为一个积极学习，乐于思考的杂家。因为我们面对的众多学生真是各具特色，他们就像是树上的叶子，没有完全一样的孩子。教师希望做到"因材施教"，自身先应是多才多艺，应有多方面的"料"。只有"料"多，才有教育的灵活性和变通性。教师教育才能通古博今，旁征博引，妙趣横生，学生接受你的盎然趣味的同时，产生积极的教育效果。

因此教师必须具有扎实的专业知识。它表现在精通与知新的方面。精通，就是对所教学科，要掌握其基本理论，了解学科的历史、现状、发展趋势和社会作用，掌握重点、难点。不仅要知其然，而且要知其所以然，抓住要领，举一反三，触类旁通，运用自如，激发学生学习兴趣。知新，就是要学习新知识，讲课要有新意。当代科学知识分化急剧，新陈代谢迅速，应用期越来越短，知识的创新性越来越鲜明，这就要求教师要吸取新信息、新知识、新理论，不断充实自己，完善知识结构。专业知识的精通与知新，要求教师自觉坚持接受继续教育，始终站在知识的前沿。

做杂家的教师，需要渊博的知识，不仅需要专业的学科知识作底色，需要科学先进的教育理念作支撑，也需要深厚的文化素养作底蕴，需要博杂的知识信息作补充。教师不仅要读专业书籍，也要涉猎百科，去读所谓的闲书。书读得愈杂，教师的知识面愈宽广，才能在课堂上引经据典、旁征博引，才能坦然面对性格各异、喜好不同、充满个性的学生，才能灵活应对学生五花八门的提问，才能以自己完善的知识结构征服学生，给学生以引领，让学生从心底深处佩服，从而让学生亲近自己、靠近自己、喜欢上自己。

做杂家的教师，需要广阔的视野，需要对社会以及生活敏锐的观察力。社会是本无形的书，而其中夹杂的智慧、哲理、素材也是最鲜活、最生动、最具体、最有感染力的教育因子，只有对社会、对生活敏感的教师才能站在宏观的视野上思考教育，让教育跳出功利的小圈子，立足学生的长远发展、未来人生，才能将课本引入生活，将生活引进教材，让学生走出校园的围墙，触摸生活的真实，才能洞悉学生的心灵，窥探学生的内心世界，给学生必要的安抚与激励。

教师做个杂家——能力之杂、知识之杂、视野之杂……其实，在这诸多"杂"的背后，正是教师"专"的体现，因为杂的目的是为了教育教学的需要，是为了给学生一个优质而精彩的课堂，为了给学生一个更加专业的教育。

苏霍姆林斯基曾经讲过，他所在学校的一位历史教师上过一节公开课，精彩极致，以至于听课教师忘了记笔记。课后，有位教师问这位历史教师备课花了多长时间，这位历史教师说："我备这堂课的直接时间十五分钟，但是我一辈子都在备这堂课。""用一生的时间备课"其实不正是教师不断丰富自己的素养，让自己在"杂"的获取中，一点一滴地进步与成长吗？

五、睿智灵活型

睿智型教师是教育智慧的集大成者。

首先，睿智型的教师应该是善于思考的，所谓"学而不思则罔"，一个富有智慧的教师不仅仅应该停留在教育的亲身实践者的身份上，而更应该是能够对自己的教育实践进行反思的。几年如一日地对自己的教育实践进行不断地反思、总结和归纳，在实践孜孜以求，在教育实践中才能信手拈来便可以成就精彩的教育。

其次，睿智型的教师善于学习的，所谓"思而不学则殆"，学与思之间本来就是相辅相成，只思不学的人难免囿于自己一方狭小的空间，局限于自己看问题的视角，有时苦思不得其解，而学则无疑给予处于这种困境中的人一种茅塞顿开的感觉。"读万卷书，行万里路"，无论是理论学习还是实践探索，都是成长为睿智型教师的阶梯，更何况现在是知识爆炸的时代，孩子们所接触到的信息量有时超乎我们的想象，对于一个问题的思考深度也经常让我们汗颜。因而，要成为一名睿智型的教师，终身学习的理念和行动也是必不可少的。

再者，睿智型教师也具有较强的执行力，只会纸上谈兵的教师自然不能称其为睿智型教师，教育归根到底还是要落到教育实践中去。因而，睿智型教师光拥有先进的教育理念还是不够的，只有将之落到教育活动的每个环节，真正促进了孩子们的发展，这样的教师才可称睿智型教师。

向身边的优秀教师学习，向书本学习，向教育实践学习，不断反思自己的教育行为，随之加以调整、再实践、再调整，最终形成一套具有自己特色的教育活动。或趁热加工，或冷却处理，或以静寓动，或虚心宽容，或堵、导变通，或巧妙暗示，或幽默带过，或因势利导，或共同探讨，或随机调整。教育工作不是千篇一律的，教育条件不可能毫无差异地重复出现，因此，教育工作绝没有一个固定的程序和模式。教育是心灵的撞击、情感的交融、良知的引导、思想的熏陶和灵魂的净化。让我们不断地提高自我修养，打造出属于自己的教育特色，更好地享受教育工作带给我们的幸福与快乐。